はじめて学ぶ教育評価
―― 小学校での評価活動を中心として

佐倉 英明 著

はじめに

　昭和25年に、当時の文部省より発刊された「小学校における学習の指導と評価 上」に、評価の目的として「評価は、学年や学級全体として行われることもあるが、また個々の児童の進歩について行われることもある。単にそれぞれの児童の属する学年や学級の一般的標準に達しているかどうかを知るだけではなく、児童各自の長所や欠点が理解され、個性に適した指導を行うためにも、評価が行われなければならない。また適切な評価は児童の学習意欲を進めるから、そのためにも評価が行われる。」と書かれています。評価は、一人一人の児童生徒の実態に応じるために、児童生徒の学習意欲を高めるために欠かせないものであるということです。

　また、昭和26年に同じく文部省より発刊された「初等教育の原理」では、「評価は、児童の生活全体を問題にし、その発展をはかろうとするものである。」、「評価は、教育の結果ばかりでなく、その過程を重視するものである。」、「評価は、教師の行う評価ばかりでなく児童の自己評価をも大事なものとして取り上げる。」、「評価は、その結果をいっそう適切な教材の選択や、学習指導法の改善に利用し役だてるためにも行われる。」、「評価は、学習活動を有効ならしめる上に欠くべからざるものである。」と評価の意味が書かれています。評価と指導は、一体化し切り離しては考えられないものであるということです。

　「評価は子どものためにあります。勉強したいという気持ちを抱き、実際に勉強するような子どもにするために教師は何をすべきか、ということに対する資料を提供するのが評価です。」と言われます。また評価は客観性が問われますが、その客観性自体にも反省が加えられていないのではないかと感じることもあります。それは、「評定あって評価なし」といわれますが、「何のために評価をするのか」ということが確立されていないということです。日々、児童生徒の前に立つ教師は、自らの評価観を明確にしておく必要があると考えます。

　本書は、教育評価についてはじめて学ぶ人のために、あるいはもう一度学び直したいという人のために、基本的なテキストとして概論をまとめたものです。

　第1章、第2章では、教育評価とは何かということを、教育評価の役割、目的、そしてその現状を分析することから明らかにし、教育評価を行う手順などを示しました。第3章、第4章では、教育評価の基本的な考え方について、教育評価の議論の中から相対評価と絶対評価の考え方を中心にし、現在の必要とされる教育評価の考え方などを示しました。この章までで、教育評価というものがどのようなもの

であるか、またどのような考え方をすればよいかという考え方が理解されればよいと考えます。

　第5章からは、指導と評価の関連をどのように考えればよいかということ、そのための評価方法を具体的に考察し活用するために読んでいただきたいと考えます。ですから第5章から第7章では、評価を指導に生かすためにはということと、教育評価の機能などについて示しました。第8章、第9章では、学習評価の様々な技法及び新しい学習評価の方法について、評価資料を集めるための様々な技法とパフォーマンス評価、ポートフォリオ評価についてなどを具体的に示しました。第10章では、教科指導等における学習評価の進め方について基本的な考え方について、そして、第11章から第15章では、その例として小学校国語科、社会科、算数科、理科、特別活動についてその学習評価の進め方としての評価基準の作成方法などを示しました。第16章では　指導要録と通知表について、児童生徒の成績を書き込む基本的な帳簿としての考え方とその役割などについて示しました。

　また、第17章ではどの学校でも実施されている評価、学校評価について、その必要性と適切な実施及び法的根拠などについて示しました。

　内容としては、概論ということで一般的であり、教育評価の入り口をご案内するといったものになっています。しかし、現在、学校は若手教員が大半です。それを考えると本書も参考資料として活用していただけるのではないかと思います。大学の授業のみならず、若手教員の研修会などでも活用していただけたら幸いに存じます。

目 次

はじめに …………………………………………………………………………1

第1章 教育評価とは何か
(1) 教育評価の役割 …………………………………………………………7
(2) 教育評価の目的 …………………………………………………………8
(3) 教育評価の現状 …………………………………………………………11

第2章 教育評価の手順
(1) 目的にあった教育評価 …………………………………………………12
(2) 測定目標の設定 …………………………………………………………13
(3) 資料の収集 ………………………………………………………………14
(4) 資料の保存・管理 ………………………………………………………17
(5) 資料の活用 ………………………………………………………………17

第3章 教育評価の考え方
(1) 相対評価と絶対評価 ……………………………………………………19
(2) 戦後初の指導要録（相対評価と個人内評価） ………………………20
(3) 相対評価の弱点 …………………………………………………………21
(4) 相対評価のひとり歩き …………………………………………………21
(5) 相対評価の規定 …………………………………………………………21
(6) 教育評価の方向性 ………………………………………………………22
(7) 相対評価批判 ……………………………………………………………22
(8) 目標に準拠した評価 ……………………………………………………23
(9) 相対評価の問題点 ………………………………………………………23
(10) 到達目標と方向目標 ……………………………………………………24
(11) 到達度評価のまとめ ……………………………………………………25

第4章 目標に準拠した評価の「規準」と「基準」
(1) 評価規準と評価基準 ……………………………………………………27

(2) 評価指標（ルーブリック） …………………………………28
(3) 目標に到達しなかった場合 …………………………………28
(4) 罰として使う …………………………………29
(5) 教育活動を問い直す …………………………………29
(6) 「評価規準」と「評価基準」のまとめ …………………………………30

第5章　指導に活かす評価のあり方
(1) 再度、評価について …………………………………32
(2) 信頼性と妥当性 …………………………………33
(3) 妥当性とカリキュラム …………………………………34
(4) 信頼性と比較可能性 …………………………………34

第6章　教育評価の機能
(1) 診断的評価 …………………………………36
(2) 形成的評価 …………………………………37
(3) 総括的評価 …………………………………38

第7章　自己評価を指導にいかす
(1) 自己評価とは …………………………………40
(2) 個人内評価としての自己評価 …………………………………41
(3) 自己評価の着眼点 …………………………………41
(4) 自己評価の重要性 …………………………………43

第8章　学習評価の様々な技法
(1) 観察法 …………………………………44
(2) 面接法 …………………………………46
(3) 質問紙法 …………………………………46
(4) 論文体テスト …………………………………47
(5) 客観テスト（真偽法） …………………………………47
(6) 客観テスト（多肢選択法） …………………………………48
(7) 客観テスト（組み合わせ法） …………………………………48

(8) 客観テスト（単純再生法） ……………………………………………48
(9) 客観テスト（完成法） ……………………………………………49
(10) 問題場面テスト ……………………………………………49
(11) 作品法 ……………………………………………50

第9章　新しい学習評価の方法
(1) パフォーマンス評価 ……………………………………………51
(2) ポートフォリオ評価 ……………………………………………53

第10章　教科指導等における学習評価の進め方
(1) 学習評価の基本的な考え方 ……………………………………………57
(2) 学校における進め方 ……………………………………………58

第11章　国語科指導における学習評価の進め方
(1) 小学校国語科の教科目標、評価の観点及びその趣旨 ……………………61
(2) 単元の学習指導における評価の観点の設定 ……………………………63
(3) 各観点の評価方法 ……………………………………………63
(4) 小学校国語科における学習評価事例 ……………………………………65

第12章　社会科指導における学習評価の進め方
(1) 小学校社会科の教科目標、評価の観点及びその趣旨 ……………………68
(2) 評価基準の設定 ……………………………………………70
(3) 各観点の評価方法 ……………………………………………71
(4) 小学校社会科における学習評価事例 ……………………………………71

第13章　算数科指導における学習評価の進め方
(1) 小学校算数科の教科目標、評価の観点及びその趣旨 ……………………77
(2) 各観点の評価方法 ……………………………………………79
(3) 小学校算数科における学習評価事例 ……………………………………81

第14章　理科指導における学習評価の進め方
（1）小学校理科の教科目標、評価の観点及びその趣旨 …………………86
（2）評価基準の設定　…………………………………………88
（3）各観点の評価方法　………………………………………89
（4）小学校理科における学習評価事例　………………………………90

第15章　特別活動における学習評価の進め方
（1）小学校特別活動の目標、評価の観点及びその趣旨 …………………94
（2）評価の観点の設定 ……………………………………………95
（3）各観点の評価方法　………………………………………95
（4）内容のまとまりごとに評価に盛り込むべき事項　……………………96
（5）評価を行う上で気を付けること　…………………………98

第16章　指導要録と通知表
（1）指導要録　…………………………………………………99
（2）通知表　……………………………………………………107

第17章　学校評価
（1）各教科等の授業の状況　……………………………………111
（2）教育課程等の状況　…………………………………………112

参考資料 …………………………………………………………115

参考文献 …………………………………………………………144

おわりに …………………………………………………………145

第1章 教育評価とは何か

1. 教育評価の役割

　「教育評価はもともと、子どもにどの段階から学習を始めさせればよいのかということの決定と、教育の成果はどの程度のものであるかということの確認を中心に行われてきた。しかし現在では、この言葉が広義において用いられることが多く、教育活動と直接的あるいは間接的に関連した各種の実態把握と価値判断のすべてが含まれると考えてよい。」（梶田 2010）。このように考えると教育評価とは、児童生徒の実態に関する評価だけでなく学校の教育活動のあり方、教師や行政等の教育機関のあり方、学校や地域など教育環境のあり方、カリキュラムや教材、学校教育組織・運営のあり方などを問題として取り上げるものであるといえます。

　学校教育には、その行われている教育活動それぞれに目標があります。また、その目標を実現するために学校教育が行われているともいえます。学校教育の進め方は、Plan、Do、See、（計画、実行、評価）という流れになっています。それは目標を設定し、実現するために計画を立て、実施し、成果・目標の達成状況を確かめるための測定を行い、その測定結果に基づいて実施された教育がよかったかどうか、また十分に機能したかどうか、その成否を判断することです。このように教育評価は、教育の一連の流れの最後に、計画、実行、評価として位置付けられています。すなわち点検、反省し、不十分なところを改めることが、その役割であるといえます。

しかしながら、この評価活動には課題もあります。評価を行うことによって、その後の教育が改善されよくなっていることは確かですが、達成されていない目標をそのままにして、次の学習へ進ませていることも多々あるからです。それは「評価が教育に十分に生かされていない。改善し教育のし直しを行い、すべての目標を達成してから次へ進んでいない。」（石田 2012）という指摘に現れています。

この課題の解決には、成果を確認し、それに基づいて、教育が目標達成のために機能していたかどうかを評価し、機能していなかったところや不十分なところがあれば、十分機能するように改善していくことが必須の条件になります。すべての目標の達成を見てから、次へ進むということです。すなわち教育評価は、「目標の達成状況を確認、測定し、それに基づいて、その間の教育が目標達成のために機能したかどうかを評価し、十分機能していたら次へ進み、機能していないところがあれば、機能するように改善、努力して教育をし直し、すべての目標の達成を果たし、それを見届けてから次へ進むために行うものである」（石田恒好「教育評価の原理」より）ということになります。

現在、教育評価の望ましい在り方は、「目標は、これから行われる教育で達成できそうか」を事前に、「目標は、行われている教育で達成しつつあるか」を途中で、「目標は、行われた教育で達成し得たか」を終わりに評価し、すべての目標の達成を果たすことだと提唱されています。これが**診断的評価**（事前評価）、**形成的評価**（途中の評価）、**総括的評価**（終わりの評価）ということになります。

例えば小学校入学前に行う就学時健康診断は、就学児の心身の発達状態について資料を収集し、入学後の教育について予測し評価をして適切な就学先を決定するものであり、学校教育における「事前の評価」といえます。そして、これまでは「終わりの評価」が評価の大半をしめていたといわれていましたが、「事前の評価」、「途中の評価」を増やしていくことが、今後は大切なことになります。そのために、教育評価は「必要な資料を収集し、それに基づいて、設定された目標が達成できそうか、達成しつつあるか、達成し得たかを、その時々で、点検、反省、改善して、目標を達成するために行う」ことであり、これが教育評価の役割ということになります。

2. 教育評価の目的

教育評価は、教育が目標を達成するように機能しているのかをたえず点検、反省、改善するために行うことと考えられます。しかし、教育評価の目的は、教育にかかわる人たちの立場によって違いがあることがあります。そのためにここでは、何のために教育評価を行うのかという、その目的を考えてみます。

教育評価の目的は、教師にとっては教育評価の結果を自らの指導に生かすことであり、児童生徒にとっては学習したことがどれだけ身に付いたかを確認することです。また、学校の管理職にとっては管理・運営が円滑に行われていたかを判断することであり、さらに、学校において研究、調査をし、その結果がどうであったかを判断することでもあります。

（1）指導に生かすための目的：教師が自らの指導が目標実現のために機能したかを評価することです。例えば、単元、学期、学年の終わりに、テストなどで成果を測定し、それを資料として、自らの指導がうまくいったかどうかを評価することです。このとき、目標の達成状況が不十分な内容については、指導方法が妥当であったかどうか、指導時間が足りていたかどうかを反省します。その結果、児童生徒に十分に力がついていない場合には、補完的な指導を行うとともに、次の指導からその方法を改善するというようなことになります。
　したがって、成果の測定は、全体、内容、観点（観点別学習状況などという）のそれぞれについて、目標の達成状況を正確に測定することが必要なことになります。それは、適切に評価を行い、すべての目標を達成し、次の時間へ、次の単元へ、次の学年へと、進むためのものだからです。そのためには、教師による自作テストばかりでなく市販のテストなども活用し、評価として落ちのないように万全を期すことが重要です。
　教師が自らの指導を評価するための資料は、児童生徒の学力といったものだけではなく、指導案とその作成に要した時間、参考にした書物など、教師自身が行った活動すべてについて評価資料と考えます。これらは、教師自身が自分の指導に対する反省、自己評価につながる大切なものだからです。

（2）学習に生かすための目的：児童生徒にとっての自己評価にあたります。これまでの教育評価は、教師の指導目的のための評価が大部分を占めていました。しかし教育の理想は、児童生徒が自ら学習に取り組むことであり、教師の指導よりは児童生徒自身の学習活動を中心に置くべきだと考えられます。
　この学習のための目的で最も重要な資料となるものは、児童生徒の学習に対する「関心・意欲・態度」です。意欲的であるとは、児童生徒が自ら進んで集中して、学習に取り組んでいる状態であり、学習が成立していることを示す大切な証となるものです。しかし、このための客観的資料を集めるには、どのようにすればよいか難しいといわれています。工夫し適切な資料の収集に努めなければならないこと

です。

　児童生徒の学習は、自学自習ができることを理想とします。すると教育評価の理想は、児童生徒の自己評価といえます。答案や作品などを児童生徒が自己採点し、自ら反省したり、通知表で自己評価をしたり、学習の途中で自己チェックをしたりしながら、自らの学び方を改善していくことです。ですから自己評価の機会を増やすようにしていくことが、教育評価の目的として大切なことになります。

(3) **管理・運営のための目的**：　一般的には学校の管理職が行う評価の1つといえます。就学時健康診断は、この1つに当たります。入学してくる児童生徒の必要な資料を収集して教育が有効に機能することを考えながら評価して、児童生徒をその学校に入学させ、適切な学級を編成することです。就学時健康診断は学校の決定、学級の編成のための資料収集の場であり、管理目的のための「事前の評価」といえます。

　教育環境（人的ー教師など、物的ー教具や教室、校舎のつくりなど）を点検、反省、改善、整備などをするためのものでもあります。いわゆる学校評価といわれているものは、この目的の1つに当たります。外部評価、保護者評価、第三者評価……などといわれているものもこの1つです。

(4) **研究・調査のための目的**：これまでの教育評価の目的は、日常の教育活動について行われているものです。教育評価は、このほかに日常の教育から離れて「研究・調査」のために行うものもあります。

　例えば、新しく開発した指導法と従来からの指導法を別々の学級で実施し、その有効性を比較するということなどがあります。これは、指導法を研究・開発するために行うものです。学校内の研究活動などであり、その学校の指導法を評価することにつながります。

　また、文部科学省などで行っている教育課程の実施状況や学力の調査は、その実施状況が目標達成のために機能しているかどうかを調査・研究し、評価するためのものです。このような調査は、結果である目標の達成状況、すなわち児童生徒の学力が、平均値だけではなく「十分満足」「おおむね満足」「努力を要する」の割合を示せるものになっていることが必要です。これによって、目標達成のために教育課程が機能したかどうかの状況の程度がわかるからです。したがって、上記のような評定段階の分布を示せないような調査は、教育課程の適正な評価ができないと考え、正確にその分布を示すことができる調査が必要となります。

3. 教育評価の現状

　教育評価では、「評定あって評価なし」といわれることがあります。これは教師自らが教育の成果である児童生徒の学力を評価するときに、1、2、3…などと評定して成績を付け、評価をしたと思ってしまうことからいわれていることです。評定結果を資料として自分の教育を評価するような、本来の評価が行われていないということを表している言葉です。教育評価の現状は、まだこのような状態が存在するといっても過言ではないと思われます。それは、教育の成果を評定し、資料を収集し、表示して、成績として付けることで、評価を終わらせているという状況が存在するということです。評定結果を資料として評価し、教育を改善して次の目標の達成に役立てずに、次の学習に進んでいることがあるということです。

　一方、「評定（測定）に基づく評価あり」ともいわれます。この言葉は、評価の本来の姿を表しています。教育の成果である目標の達成状況、例えば一般的な国語、算数など教科の学力を測定し、結果としての得点や評定値を資料として成績に反映させることは、評価をしているのではなく、評定のための資料づくりです。評価の過程を明確にすることは、評定を本来の評価の姿に近づけることとなります。また、本来の評価を広い意味の評価と考え、教育の成果を測定して表示し資料とする狭い意味の評価と区別し、本来の評価の姿に近づけようとするものになると考えられています。

　教育評価は、教師にとって自らの教育活動を振り返り、自己評価と反省を行う契機となるものであり、次の教育活動に発展的につなげていくものである必要があります。そして、児童生徒にとっては、自分の学習活動の成果を知り、自分を見つめ直すきっかけとなるものであり、その後の学習や発達を促す契機となるものであることが重要です。

第2章
教育評価の手順

1. 目的にあった教育評価

　教育評価は、教師の指導、児童生徒の学習、管理職の管理・運営が、教育目標の実現のために機能しそうか、機能しつつあるか、機能したかを点検し、機能していないところがあれば反省し機能するように改善し、教育をし直し目標を達成するために実施するものです。また、学校の教育課程や指導法などが、目標達成のために有効であったかどうかを研究するためにも行います。

　このように考えると、教育評価の目的には第1章の2のように指導目的、学習目的、管理目的、研究目的の4つがあるということがわかります。そして、それぞれの目的にあった教育評価を行うことが大切であるということです。

　しかしながら目的が違うと、何をどう行うのかという進め方や用いる技術・方法が異なってしまいます。そこで、教育評価を行うためには必ず、何のために行うのか、目的を確認し、明確にしておくことが大切なことになります。評価の目的が明確でないと、成績をつけるためや、測定のために測定をすることになり、ただ測定結果を出すだけ、点数をだすだけの作業となり、測定結果に基づく正しい評価が行われないということが起こり得るからです。ですから、まず教育評価を行うには、その目的を明確にすることが第一であり、このことから始めるのです。

2. 測定目標の設定

1で述べたように目的が確認できたら、次に、何を測定し、調べ、評価の資料とするかということを考えます。測定のための目標を設定するということになります。

教育評価は、目標の到達状況を測定し、それを資料として次の教育を進めるために目標を設定します。評価を行う前に設定された目標が、測定のための目標となります。

このときの目標は、いくつもあり、そのすべてを測定することはできないので、その中から適切なものを選び、測定するための目標として設定します。これが目標の具体化です。

(1) 教育目標の具体化

教育の目標は、学習指導要領に示されています。しかし、学習指導要領に示されている目標は、一般的な目標として示されており、そのままでは測定しにくいものも多々あります。そこで、これを具体化することが必要になります。

具体化の作業は、学習指導要領に出ている内容の指導の仕方や測定の仕方がわかるように、児童生徒が何を行うのか、何を学習するのかまで具体的にすることです。この児童生徒が何を行うのか、何を学習するのかを目に見えるように、行動目標化して具体化することを提唱したのがブルーム（Bloom, Benjamin S.）らが提唱した「完全習得学習」（mastery learning）です。この「完全習得学習」については、日本では梶田叡一が参考になる研究を進めています（「学校学習とブルーム理論（教育における評価の理論）」、1994）。これは、教育方法・技術の分野にも関係する事柄です。

さて、教育目標の具体化ができれば、教育内容をどのように指導し、学習させたら達成できるかがわかり、指導や学習がうまく進むようになります。これによって教師は達成状況の測定の仕方がわかり、正確な測定もでき、適正な評価を行うことができるようになります。教師の指導や児童生徒の学習が最適なものとなり、測定や評価が円滑に行われ、すべての児童生徒が目標を達成でき、学習内容が完全に習得できることになります。

しかしながらここで課題があります。目標の具体化に伴う作業が困難であり、一人の教師では不可能に近い作業であるといわれていることです。仮にできたとしても、個々の教師によって様々な目標が設定されることや、それに伴い指導や測定、評価も様々になり、評価結果の信頼性が薄くなる可能性があるということが指摘されています。

現在行われている目標の具体化は、完全習得学習が提唱するようなレベルの具体化ではありませんが、文部科学省の学習指導要領の指針に基づき、学習内容に合わせて単元ごとに具体化を図っています。この具体化の作業が、いわゆる評価規準・基準の作成です。またそれに基づき、各自治体の教育委員会等ではさらに具体化を図り、各学校でもその実態にあわせた具体化を図っています。各教師はそれらに基づき自らの学級の実態を考えに入れながら評価規準・基準を作成して、評価を実施するということを行っています。

(2) 測定目標の抽出・設定
　測定するための目標は、教科、総合的な学習の時間、道徳、特別活動などによって、数に違いがあります。少ない場合は、そのまま測定目標にすることができますが、教科のように数が多いとすべてを測定目標にすることはできません。したがって、代表する目標を抽出して、それを測定目標とします。この代表として抽出した目標をうまく設定できると、その集団の達成状況が適正に評定することができます。
　教師の行っている評定が、主観的で信頼できないといわれるもとは、この具体的な測定目標の抽出と設定が教師間で共有できていないためことが原因であると考えられています。

3. 資料の収集
　2で述べたように測定目標を具体的に設定できたら、それぞれの目標の達成状況を測定するために適した技術・方法を決定し、その方法を実施することになります。実施後は、採点・処理、表示、集計を行い、評価のための資料として、記録、保存、管理、活用と一連の活動を進めます。

(1) 測定技術・方法の選択
　まず、適した技術・方法を選択することが大切なことになります。そのためには、各種の技術・方法をよく知り、それが個々の目標に適しているかどうかがわかっていなければなりません。特に、その技術・方法がどの目標に合っているかを、正確に把握していることが重要なポイントになります。
　以下に示すものは、活用されている技術・方法の種類と適合関係の例です。（石田恒好「教育方法の原理」より）
① 測定技術・方法の種類
　論文体テスト、客観テスト、問題場面テスト、作品法、質問紙法、逸話記録法、チェッ

クリスト法、評定法、面接法、録音録画、標準検査　など
② 適合関係
・関心・意欲・態度――質問紙法、チェックリスト法　　など
・思考・判断・表現――論文体テスト、問題場面テスト、作品法　　など
・技能――チェックリスト法、評定法、作品法、録音録画　　など
・知識・理解――論文体テスト、客観テスト、面接法、標準学力検査　　など
・行動・性格など――質問紙法、面接法、観察法、標準検査　　など
・知能・適性――知能検査、各種適性検査、標準検査　　など

(2) 測定技術の妥当性、信頼性、客観性
　次に考えなければならないことは、測定目標が確かに測定できるかという妥当性、何回測定しても同じような結果を得ることができるかという信頼性、だれが測定・採点しても同じ結果になるかという客観性など、測定技術が備えるべき条件を満たすことです。
　妥当性は、測定目標を確かに測定しているかどうかを示すものであり、内容的妥当性、基準関連妥当性、構成概念妥当性などがあります。
　内容的妥当性が高いとは次のような場合をいいます。測定したい目標全体と、その中から抽出し選んだ目標とを比べ、結果としてその目標が測定したい目標全体を適切に代表しているような場合です。
　基準関連妥当性とは、行われた測定技術が、他の測定技術で行われた結果と同じような結果になるということです。例えば、2つの別々の方式の知能検査を行った場合、その2つの結果の相関が高く、行われた知能検査が知能を測定しているということが証明できるということです。このときの相関係数のことを妥当性係数といいます。
　構成概念妥当性とは、測定技術が構成概念としての特性を確かに測定しているということがいえることです。知能を例にあげると、知能を確かに測定しているかは、「知能が高いものは、学力が高い」という概念から予想でき、それを知能検査と学力検査の結果から証明できることです。これを、構成概念としての特性を測定しているといい、妥当性があるということになります。
　一方**信頼性**は、測定結果が安定しているか一貫しているかを示すものであり、だれが何回行っても同じような結果になることが求められるということです。
　また**客観性**は、観察法や面接法において観察者や面接者の主観が現われ、主観的な測定になりやすいことがありますが、それを多数回行うか多人数で行い、それ

らの結果が一致したということが必要になります。特に客観性で問題になることは、採点者による採点のばらつきです。採点の手引きとして採点基準などを示し、だれでもそれに従えば客観的に採点できるようにすることが必要です。

(3) 測定の仕方

　測定実施の仕方は、測定技術・方法によって簡単なものから、事前に練習をしないと正確にできないものまで多種多様にあります。

　例えば教師の自作による日常のテストなどは、配布してすぐ始められる簡単なものになります。仮に実施時にトラブルがあっても、その場ですぐに教師が自ら対応できるからです。

　測定技術・方法の中で難しいものは観察法です。何を、どのように見て、判断し記録するかを事前に観察者が理解しておく必要があるからです。また標準検査などの場合は、実施の仕方が手引きとして示されており、事前に実施者が確認をして正確に行えるようにしておかなければなりません。

　このように測定にあたっては、実施の仕方が正確でないと測定結果や児童生徒の実態が正確に捉えられないことになります。重要なことは、事前に実施方法を確認し、準備を念入りにしておくことです。

(4) 測定結果の採点

　正確な測定ができても、採点が教師の主観に左右されては、児童生徒の実態が正確に把握できないことになります。このようなことが起こると、その後に行われる評価が信頼できないものになる可能性があります。それを避けるために、測定技術・方法の中で、採点が客観的にできるように考案されたものとして客観テストがあります。これ以外のものは、採点基準を設けて、それに従って採点することが必要になります。測定結果の正確さを担保するには、この採点基準が重要な鍵をにぎっています。

(5) 測定結果の処理、表示、資料化

　測定結果は、採点などの処理を経て得点化し、評定値、偏差値などで表して資料化します。その処理や表し方には絶対評価、相対評価、個人内評価などがあります。最近では、到達目標を設けてそれに合わせて評価する**目標に準拠した評価**、集団の基準を設けてそれに合わせて評価する**集団に準拠した評価**、個人内に基準を設けてそれに合わせて評価する**個人内評価**が多く使われています。

しかし、これらの評価方法は、測定結果の処理、表し方であり本来の評価、広い意味での教育評価とはいえません。成績評価であり、資料化のための処理であり、それを表したものです。単なる「評定」をしたということになります。
　ここまでの過程が、評価のための資料収集です。次は、この収集した資料の保管方法について考えてみます。

4. 資料の保存・管理

　収集した資料を保存している記録簿は、補助簿、個人指導簿、児童生徒の指導票など、学校によって多種多様なものがあります。また、学級経営簿、教務手帳のなかに含めている学校もあります。これらは基本的には、大切な評価のための一次資料といえます。
　その1つとしてあげられるものが、ポートフォリオ・アセスメントというものです。ポートフォリオは、レポート、作文、絵画など、作品を教育の成果として蓄積し資料化したものです。これは多面的、長期的に集められたもので、児童生徒の成長の過程を見ることができます。このポートフォリオ・アセスメントに基づいて児童生徒の活動を予測し実施された教育は、評価や改善が図られた適切な教育であるといえます。また、ポートフォリオ・アセスメントは、保護者への説明責任を果たす確かな資料でもあります。
　一般に教師がつけている記録簿といわれているものは、児童生徒の教育に有効に活用される貴重な資料です。個々の教師が独自に作成し、個人的に保存、活用しているものも多くみられます。これらは、児童生徒の指導の参考になる重要な記録であり、次の年度などにその児童生徒を受け持つ担当者に引き継がれていくようにすることが必要です。学校として、どのような形で引き継いでいくかを、工夫しなければならない重要な課題であると考えられます。

5. 資料の活用

　例えば就学時健康診断は、子どもの心身の状態を測定して、その学校において教育が可能かどうかを予測し評価して、適正な就学先を決定する資料です。教科教育では、目標の達成状況を評価し、指導の改善と学習の仕方を改善し、目標の達成を図ります。教科外の教育でも教科教育と同じように評価、改善を目指します。授業の評価、改善も同じように、その方法・技術などの評価と改善のために必要な事項を、測定し収集した資料が次の授業に活用されることになります。
　以下の①から⑪は、収集した資料の活用例です。

①就学時健康診断など事前の評価
②各教科教育の改善
③教科教育以外の改善
④授業の評価、改善
⑤児童生徒の自己評価と改善
⑥通信簿に記入
⑦指導要録に記入
⑧教育課程や指導法の評価、改善、開発
⑨学校、学級の管理・運営、改善
⑩教育行政組織の評価、改善
⑪家庭地域の教育力の評価、改善

　このように多くの活用例があり、多面的な資料の収集ができることにより、より良い教育の改善・充実が図られることになります。

第3章 教育評価の考え方

1. 相対評価と絶対評価

評価基準および評価者の側から見た教育評価の類型（梶田叡一「教育評価」より）

到達目標の意識	有	無	有	無
到達目標の意識	外的客観的目標・規準	評価者の内的目標・規準	集団内の他者	当人の過去の実績
教　　師	目標到達度の評価（到達度評価・絶対評価Ⅰ）	内的基準満足度の評価（認定評価・絶対評価Ⅱ）	優劣度の評価（相対評価）	進歩度の評価（個人内評価）
学　習　者	目標到達度の自己評価	内的基準満足度の自己評価	優劣度の自己評価	進歩度の自己評価

　相対評価と絶対評価の区別は、上記の表のように評価基準の取り方によって決まります。つまり、ある人の現状を評価するためには、同様の条件をもった他の人々と比較することによって評価するか、それとも何らかの基準によって評価するかということになります。すなわち、相対評価とは集団内の人々を評価基準とした評価であり、集団内の人々の優劣の評価だということです。個人と個人を比較してその優劣の度合いを決めようとするものであり、評定段階の配分が正規分布であろうと、あるいは他の分布であろうと、基本的には順番や順位を決めようとする考え方です。

ですから、その子の学力の中身や目標到達の度合いなどは考慮する必要がないのです。

　これに対して、絶対評価とは何らかの目標や基準を評価基準とした評価であり、目標到達度あるいは基準満足度の評価であるといえます。この評価は目標や基準が客観的なものであるかどうかは、判断する人や教師などに依存しません。その目標や基準が分析的に設定されたものであるか、総括的に設定されたものであるかを問わず、各観点が示す学力内容が明確に、あるいは必然的に定められているものです。

2. 戦後初の指導要録（相対評価と個人内評価）

　上記1のように教育評価とは、評価の基準を何に求めるかによって、区別されることがあります。ここで、戦後日本の教育評価を規定した指導要録を例にして、教育評価がどのように変遷してきたかを見てみます。

　1948年に文部省は第二次大戦後初めての指導要録を示しました。その趣旨説明には、①個々の児童について、全体的に、継続的に、その発達の経過を記録し、その指導上必要な原簿となるものである。②記録事項は、新しい教育の精神からみて、とくに重要と思われるものを選定してある。③出来るだけ客観的に、しかも簡単に、かつ容易に記録されるように作られてある。（文部省学校教育長通達「小学校学籍簿について」）と書かれています。

　これは、明らかに戦前の「学籍簿」に対する反省を踏まえて指導機能を重視した評価記録簿の作成を促そうとしたものと考えられます。（1950年「学籍簿」は「指導要録」に名称変更）その上に立って、この指導要録は、学習の記録欄で「+2、+1、0、-1、-2」の5段階相対評価を、「学習指導上とくに必要と思われる事項」欄と「全体についての指導の経過」欄では記述式の個人内評価という、2つの教育評価を採用しました。

　前者の相対評価は、例えば算数では「理解」「態度」「技能」というように観点があらく分析評定に基づくものであり、教師の主観に左右されず集団の位置関係を競争によって決めるというものであり、テスト中心の絶対評価ではないということです。また、「学習指導上とくに必要と思われる事項」欄と「全体についての指導の経過」欄に記述式の個人内評価が採用されています。これは、主観的な基準を絶対化するのではなく、児童生徒を全体的、継続的に評価しようとしたものといえます。

3. 相対評価の弱点

1948年の指導要録の相対評価について、当時文部事務官であり改訂委員でもあった小見山栄一は、以下のように警告していました。

「このやり方は、教育測定の精神にのっとったものであり、価値的判断を行う教育評価の精神には必ずしものっとったものではない。」、「この方法では、学年あるいはクラスの差、あるいは学級差を知ることはできない。」、「この方法は、児童の相対的な位置を知ることはできるが、教育的にある児童の理解に基づいた処置をすることはできない。たとえば、自分が努力しても、級友も努力したので、成績が上がらなかった場合、その努力を評価してあげられない。」、「この方法は、統計上の大数の法則に基づいたものであって、わずか5、60人に適用するには無理がある。」というものです。これらの警告は、すべて相対評価の弱点であり、教育評価としてその趣旨を満足できない部分であるといえます。

4. 相対評価のひとり歩き

さらに、次の指導要録の改訂（1955年）から、相対評価はひとり歩きをはじめました。1955年の改訂の背景にあった、社会の人々の能力主義に基づく学歴獲得競争があげられます。このような状況を受けて、指導要録の性格は、指導のためという機能から証明のための機能、このような成績だったということを証明する機能に変化したといえます。この変化の過程から、選抜資料として便利でありかつ客観性があるということで、一教科一評定の総合評定に基づく相対評価が採用されることになったといえます。

5. 相対評価の規定

ここであらためて相対評価の規定を考えてみます。それは測定という考え方が強く、ある集団内での児童生徒の位置、序列を明らかにすることを目的としているということになります。そして、その客観性を保つために正規分布曲線を使用したということがいえます。通知表にも採用されていた「5」を最高とする「1」から「5」までの5段階相対評価は、よく知られています。進路指導などで使われることになった偏差値は、50段階相対評価のことにあたります。学力分布が正規分布になることが正常であるとして、正規分布曲線になるようにテストの問題なども作成されていました。

6. 教育評価の方向性

　ところが、相対評価では努力しても成績が向上しない児童生徒がいました。そこで、このような児童生徒の努力を個人内評価の所見欄で救済しようということになりました。評定における相対評価の矛盾を所見欄の個人内評価で緩和しようと試みたのです。これは、少しでも競争をしずめようとの考えからのことであり、教育評価の二重構造化、内部矛盾といってもよいと考えられます。

　相対評価を廃止しないで個人内評価を強調したとしても、教育評価の矛盾を根本的に解決したことにはなり得ません。個人内評価のもつ利点である励ましを行うという可能性をも、なくしてしまうといっても過言ではありません。したがって、相対評価と個人内評価を一緒に行うという評価の二重構造を転換することは、教育評価実施上の大きな課題となっていました。現在、この課題解決の方向性は「目標に準拠した評価と個人内評価を一緒に行う」ということで解決を図っているところです。

7. 相対評価批判

　上記のような相対評価に対する批判は、すでに戦後初期から現れていました。

　その1つに次のような主張があります。「成績を上げるためには誰かが落ちなければならない。他人の不幸はおのれを幸福にする心情を形成する。教育の目標はすべての子どもが5をとることであり、教師の努力もそこを目指しているはず。5段階評価はそれを否定していることになる。」（遠山啓、1961）というものです。また、もう1つの主張は、「評価問題が適切であったなどと喜ぶよりも、教育そのものが適切であったかどうかについて、むしろ教師の反省を要求しているものとみるべきではないか。」（桑原作次、1961）というものです。

　これらの教育評価批判は、すべての児童生徒の学力保障を願う立場からでてきたものであると考えられます。

　一方、相対評価の非教育性は、抽象化された点数化にあるとして、個人内評価を主張する次のような考えもあります。「1学期の「3」よりは2学期の「3」には質の高まりはある。このちがいを、同じ「3」の中に見よという方が無理ではないか。成績を数字であらわすことには、相対評価であろうと絶対評価であろうと反対したい。」というものです。さらに、この考えと同じように大正自由主義教育の流れをくむものとして、戦前に「学級全体の横の関係ではなく、個人の縦の進歩こそ重視すべき」という斎藤喜博の指摘もありました。

　このような相対評価批判の2つの流れは、新しい教育を同じように批判しながら

も、教育と科学の結合という考えによる 1960 年代の教育内容研究を推進する立場と、教育と生活の結合を打ち出した教育実践という立場の違いから現れてきたものと考えられます。これらの立場の違いによる評価の仕方の違いは、この後の目標に準拠した評価や到達度評価という評価の考え方として、その評価基準づくりの中に現れてくるものです。

8. 目標に準拠した評価

　目標に準拠した評価への要求が高まってくる中で、その流れを批判し、当時の指導要録の作成を根拠づけた考え方があります。それは、目標に準拠した評価を絶対評価と言い、相対評価、絶対評価、個人内評価の長所と短所をバランスよく説明したものです。絶対評価に傾斜しようとする動きを引っ張り、相対評価を援護することになりました。この動きが、当時の指導要録作成の方向性を確立することとなったのです。

　「目標に準拠した評価は、絶対評価の主観的な目標設定による。」という考えであり、これを背景として 1961 年改訂の指導要録においては、評定欄で相対評価、所見欄で個人内評価、進歩の状況欄でも個人内評価ということになりました。

　この時点では、絶対評価については明確になってはいなかったのですが、日常の 1 回 1 回のテストで評価を行っているということにより、評定欄においても相対評価に絶対評価を加味するということで、絶対評価を実際に行っているというように説明されていました。

　もう一方には、「教育目標に対する到達度については、客観的資料に基づいて教師が行う絶対評価を信頼してよい。」という考えもありました。

　指導要録の評価を、目標に準拠した評価にするには、「目標に準拠した評価は、絶対評価の主観的な目標設定による。」ことと、「教育目標に対する到達度については、客観的資料に基づいて教師が行う絶対評価を信頼してよい。」ということの 2 点を考えることが必要であるということと、「指導要録は、公募としての客観的な性格にこだわりすぎであるところがある。教師の評価はすべて主観的なものという教師不信感もある。」との指摘がありました。

　これらの指導要録批判の中で 1960 年代の教科教育は、目標に準拠した評価のための、到達目標づくりという課題を解決するための研究に追われていました。

9. 相対評価の問題点

　ここで、これまでの相対評価への批判をまとめ、問題点を整理しておきます。

第1の問題点は、相対評価は、必ずできない児童生徒がいるということを前提にした非教育的な評価であるということです。これは、必ず最低の評価である「1」を付けなければならないということであり、いかに指導しても必ずできない児童生徒が存在するということを認めてしまうことにつながるということです。

　第2の問題点は、相対評価は、排他的な競争を促し、勉強とは勝ち負けと考えてしまうような学習観を児童生徒に生み出すということです。児童生徒に他人の不幸は、おのれの幸福とするような心情を形成してしまうことがあるからです。

　第3の問題点は、相対評価は、学力の実態を明確に示す評価ではないということです。たとえ最高の評価「5」をもらったとしても、その意味するところは集団内の相対的な位置が上位であるということであり、教師が目指す教育目標を達成したかどうかではないということになります。

　第4の問題点は、相対評価では、学業不振の責任は、児童生徒の努力不足、才能不足にされてしまう可能性があるということです。

　以上、4点に相対評価の問題点を整理しましたが、次にこの相対評価と対峙する到達度評価について考えてみます。

10. 到達目標と方向目標

　到達度評価の特質は、目標論と評価論を表裏の関係としてとらえているところです。そして、相対評価を克服するために、目標論の組み換えを行うことが主張されているということです。この主張は、方向目標と相対評価、到達目標と到達度評価という関係でとらえられ、相対評価ではなく到達度評価で評価を行うために、方向目標ではなく到達目標で目標を考えればよいということを述べているのです。

　到達目標は、例えば社会科で「江戸時代の産業構造がわかる」というように、何を児童生徒が獲得しなければならないのかを明確にした目標です。そして、その目標と関連する他の目標との間に系統があり、教材・教具を用いて児童生徒に教えることが可能であることです。このように到達目標を規準とする評価論が到達度評価です。

　一方、方向目標は、例えば「自ら解決する態度を養う」というように、最低限これだけは獲得して欲しいというように目指す目標を限定しないで、ただ目指す方向を示すために設定されているものです。このように方向目標を規準とする評価論が相対評価です。

　上記のように、到達目標と方向目標を考えると、到達度評価を行うためには、児童生徒が分からなければわかるように教える、わかるように教えてもらわなければ

ならないということになります。すなわち到達度評価は、児童生徒の権利を保障する評価であり、児童生徒の学習権を保障し、学力を保障するための評価であるということです。

学校教育で到達度評価を行うということは、教育課程の編成において学校の教職員集団が協働して到達目標づくりを行うということになります。それは、学校の教師が児童生徒の実態に即した授業づくりの工夫を行うことであり、児童生徒の学力保障や学習権を学校として責任をもつことにつながることです。

また、学校の教育評価が到達度評価である限り、目標づくりばかりでなく実施される評価方法をも含めて評価の対象とすることが必要になります。すると到達度評価は、教えたはず教えたつもりという意識を教師にもたせず、自らの教育実践の診断を行わせる評価であるともいえます。このような考えを最も典型的に表している評価が形成的評価といわれるものです。

11. 到達度評価のまとめ

以上のような特質のある到達度評価は、相対評価のシステムを批判しながら、学校内の評価に対する考えの改革と評価制度の改革を進め、教育システム、社会システムの改革にも貢献してきました。

2001年の改訂で指導要録に採用された「目標に準拠した評価」は、改めて「到達度評価」について、その意義を考え直す契機となったものと考えられます。それは、相対評価批判ではなく、目標への到達度を測定するとともに、教育実践の改善を通じて児童生徒の学力を保障することを目指している評価だからです。これによって、到達度評価を一歩前進させ、「目標に準拠した評価」と「個人内評価」を結合させた評価が実現することになりました。

しかし、「目標に準拠した評価」が提唱されるやいなや、「目標に準拠した評価」は教師の主観的な判断が入りやすい評価であり、客観性が問われるという指摘も起こりました。

その1つは、相対評価は客観性がある評価であるという考え方です。これは正規分布曲線に基づく成績配分をすることです。この点に関しては、「目標に準拠した評価」が提唱された背景にある相対評価の客観性こそ学力の実態を伴わない評価であり、教育的でない評価であるとして否定されることになります。

もう1つは、世の中で、「目標に準拠した評価」と「絶対評価」が混同されていることがあげられます。「目標に準拠した評価」は、客観的である教育目標を評価規準とする評価であり、1970年代にでてきた到達度評価をもとにしています。一方、

「絶対評価」は、戦前の「試験（考査）」において教師自らの判断に基づく評価であり、相対評価が採用される根拠となったものです。これらは用語・言葉の問題と考えられますが、「目標に準拠した評価」と「絶対評価」の混同による影響であるともいえます。この混同は、目標ということで考えると、「絶対評価」、「到達度評価」、「目標に準拠した評価」とも、実質的には、目標を設定するという、同じことをするように思えることから生じたものといえます。

第4章 目標に準拠した評価の「規準」と「基準」

　第3章8の「目標に準拠した評価」における客観性を保つために必要なことは、評価の規準と基準の設定の問題が存在します。本章では、その問題について考えてみます。

1. 評価規準と評価基準

　「評価規準」とは、教育評価を目標に準拠して行うことです。そして、「評価規準」の段階は、単なる標語であり、量的・段階的に示された「評価基準」にまで具体化されていないものです。評価者（教師）の主観的な判断による評価ができるという危険性もあります。具体的な例で考えてみます。まず、「異分母分数のたし算ができる」という到達すべき目標を設定したとします。そのとき、この目標に到達したかどうかを判断する場合には、異分母分数の計算ができることをもって到達したと判断することと、通分の意味が理解できたところまでを含めて判断するということが考えられます。このように判断が分かれ、教師により評価の違いが起こることがあります。

　この場合に評価の客観性を保つには、評価規準を、どのような課題をどの程度まで解けるようになったかというレベルにまで具体化して規定しておく必要があります。したがって、「異分母分数のたし算ができる」という目標は「規準」であり、どの程度の課題を何問正解すれば合格と判断するのかを明示することが必要であり、

それが「基準」ということになります。目標に準拠した評価では「評価規準」を「評価基準」にまで具体化しておかなければ、客観性が保てず使えないということになります。

英語の表記では「クライテリオン」(criterion)を規準、「スタンダード」(standard)を基準といって区別しています。

2. 評価指標（ルーブリック）

次に、もう1つの問題として以下のようなことがあります。

先ほどの「異分母分数のたし算ができる」のような課題では、客観テストの項目中の何％の正解率という形で量的な「基準づくり」が必要になります。

このような基準づくりが強調され始めたころは、量的な基準づくりが盛んに行われ、量的な基準にとどまっていました。その後、量的な基準だけでは問題であるという指摘がなされ、評価指標（ルーブリック）というものが必要であるという考え方がなされるようになりました。この評価指標（ルーブリック）は、アメリカで起こった「スタンダード運動」の中で生まれてきた考え方です。

評価指標（ルーブリック）は、教科の学習においては内容スタンダードとともに、アセスメント・スタンダード、一般的にはパフォーマンス・スタンダードといわれています。この内容スタンダードとアセスメント・スタンダードを一緒に記述し、これを段階づける方法として評価指標（ルーブリック）が考えだされました。この場合のアセスメント・スタンダードは、内容との関連で能力的・行動的な規準とされています。

一方、当時の学習指導要領の目標は内容スタンダードとアセスメント・スタンダードが明確に区別されたかたちで記述されていませんでした。これは、アセスメント・スタンダードの規準が指導要録における観点で表現されていたことによります。このような学習指導要領と指導要録の記述上のずれにより、目標と評価が表裏の関係にあるということが、教師に十分理解されていませんでした。目標に準拠した評価の客観性を明確にするためにも、この内容スタンダードとアセスメント・スタンダード、そして評価指標（ルーブリック）の関係をはっきりさせておくことが教育評価にとって重要なことになります。

3. 目標に到達しなかった場合

もう1つ「目標に準拠した評価」の客観性に関わる重要な問題があります。児童生徒が目標に到達しなかった場合のことです。これは、教師の教育実践がよかった

かどうかが、問われるということになります。教師による目標設定のレベルや教材の良し悪し、そして発問の適格性など様々な教育方法・技術までもが問われます。従来の「相対評価」では、児童生徒の競争によって評価が決まり、競争に負けたのはその児童生徒自身に敗因があるということでした。しかし、「目標に準拠した評価」はそうではありません。ある意味、教師にとって大変厳しい評価の仕方といえます。

　ここで、問題となることは、成績のインフレ現象です。良い成績をつけておけば、教師自身は、自らの教育に対する責任を問われないからです。教師が自己責任を回避しようとする行動ができるということです。

4. 罰として使う

　また、もう1つの問題として、目標に準拠した評価を教師が絶対的な評価と考え、「関心・態度・意欲」の評価を厳しくして、児童生徒の行動に対して罰として使うようなことがありました。教師自らは問われず、教育実践の責任を反省しないことになります。

　成績のインフレ現象や評価を罰として使うような問題は、児童生徒の学力を保障しようとする「目標に準拠した評価」においては、あってはならないことです。たとえ、このような方法が一時的にうまくいったとしても、教育活動や学力の形成につながらないことは確かです。これでは、一般社会に評価に対する矛盾が広がるばかりであることは自明なことです。

5. 教育活動を問い直す

　次に、「目標に準拠した評価」によって教育活動が問われるといった場合には、どのような点に留意しなければならないかということを考えてみます。

　まず、それは単なる教師が心情的な反省を行うことではなく、授業のどこに誤りがあったかを明確に把握するために反省を行うようにすることが必要であるということです。例えば、その反省の1つに目標の明確化ができていたかどうかということがあります。授業のねらい、目標は、どのような内容をどのように児童生徒が獲得するのかを明らかにしておくことです。また、なぜこの教材や教具を選んだのか、なぜこのような学習形態を使うのかをはっきりさせておくことです。このように授業のねらいを明確にしておくことによって授業改善が図れるのです。そのために行う授業に対する反省は、具体的に行うことが必要です。

　次に、学校の教育活動の問い直しは、教師に責任を負わせないようにすることで

す。教師の心情的な反省ではなく、児童生徒につまずきがあった場合には、その授業の問題点を発見するとともに、そのような授業を条件づけている教育環境への問い直しも合わせて行うことが大切です。それは、学校に配置されている教員数や学級児童の定員にも関わることですし、学習指導要領の内容や教科書教材なども検討の対象になります。

そして、教育活動の問い直しである限りは、教師自らが自身の授業を問い直すだけでなく、児童生徒も自らの学習活動を問い直すことが必要です。この取り組みを児童生徒に行わせることによって、児童生徒に自己を振り返る力が育っていくのです。

授業は、教師と児童生徒の共同作業です。評価活動においても児童生徒の参加が求められて当然です。そして、このような教育活動の問い直し作業は、保護者や地域の人々の参加も考えられます。これによって、評価活動はより客観的で有効なものとなります。

目標に準拠した評価は、学校の教育活動を評価するという本来の教育評価概念と考えられています。この教育評価は、教師に絶えざる自己研修を求めるものでもあります。さらに、一人一人の教師だけではなく、学校という教師集団や学校を取り巻く社会全体に求められねばならないことです。したがって、評価の「規準」と「基準」作りは、教師の個人作業や管理職のトップダウンであってはならないものだといえます。学校の教職員全員が一体となり、協働のもとに進めていかなければならないものであるといえます。

6.「評価規準」と「評価基準」のまとめ

「評価規準」の用語は、平成3年の指導要録の改訂通知で示されました。平成13年の指導要録の改善で目標に準拠した評価が重視されたため、その重要性が高まりました。一方、「評価基準」の用語は平成3、4年頃までは文部科学省の作成した指導資料で用いられていましたが、近年は使用されていません。「評価規準」は、国立教育政策研究所の参考資料においては、B「おおむね満足できる」状況を指すとされており、A「十分満足できる」状況の「評価規準」という使われ方はされていません。実際の評価場面ではAとBを区別できる判断のよりどころとなる規準が必要になると考えられます。

また、総括した結果をA、B、Cと区分するための境界設定も必要であり、その判断基準を「評価基準」とする考え方もあります。しかしこれは、公けには使われていないのが現状です。今後は、用語の指し示す意味の検討だけではなく、評価

を適切に実施していくための手続きと諸条件の内容を洗い出し、整理していく作業をあわせて進めていくことが必要であるといえます。これが、「評価基準」の設定につながることであると考えます。

第5章
指導に活かす評価のあり方

1. 再度、評価について

　評価は学習の結果に対して行うだけでなく、学習指導の過程における評価、すなわち形成的評価の工夫を一層進めることが大切であることは先に述べました。また、児童生徒にとって評価は、自らの学習状況に気付き自分を見つめ直すきっかけとなること、その後の学習や発達を促すという意義についても述べました。それは、「自ら学び自ら考える」など生きる力が、日々の教育活動の積み重ねによって、児童生徒に育まれていくものだからです。したがって、その育成を図るように学習指導の中で、教師が児童生徒の学習の改善を促すような評価をすることが重要となります。

　目標に準拠した評価は、児童生徒の学習の到達度を適切に評価し、その評価を指導に生かすことができるものであるといわれています。教師はその評価を、評価のための評価に終わらせることなく、自らの指導の改善に生かすことを考えながら、教育の質を高めることに努めることが大切です。

　またさらに、評価を児童生徒の学習の改善に生かすためには、学習の評価を日常的に通知票や面談などを通して児童生徒や保護者に十分に説明し、それを共有していくことが必要です。特に、通知票については、その扱いや様式は各学校の判断で決められるものですが、上記のような意味では、その役割はたいへん大きいものとなります。このことを踏まえると、児童生徒の学習の過程や成果、一人一人の進歩の状況などを適切に評価し、それが評価だけに終わらせるのではなく、その

後の児童生徒の学習支援に有効に役立てられるようにすることが求められているといえます。そのためには、通知表の記載内容や方法、様式などについて改善充実が図られることが期待されています。

学習の結果としての評価の情報とともに、どのような観点や規準で評価を行うのか、どのような方法で評価を行うのかといった学校としての評価の考え方や方針を、教育活動の計画などとともにあらかじめ児童生徒や保護者に説明しておくことは必要なことです。学校が説明責任を果たすということになります。そのとき問われることが、評価の信頼性、妥当性ということになります。

評価を指導に生かすためには、単に数値化されたデータだけを信頼性の根拠とするだけではなく、評価の目的に応じて、評価する人、評価される人、それを利用する人が、お互いに妥当であると判断できることが、大切です。これは、評価規準や評価方法等に関する情報が、児童生徒や保護者に適切に提供され、共通に理解されているということです。

2. 信頼性と妥当性

評価の信頼性と妥当性については、従来からいわれてきたことです。妥当性は評価対象をどれほどよく測定できているかを示す概念であり、信頼性は評価対象をどの程度安定的に一貫して測定できているかを示す概念です。

しかし、妥当性と信頼性は、相対立する関係ともいえます。教師が教室で使用する自作テストは、妥当性について説明責任が求められるものです。これに対して、テストを受ける者の将来などに影響を及ぼすようなテストは、信頼性が第一と考えられるものといえます。

例えば、論文体テストは、妥当性が高いのですが信頼性は低く、客観テストはその逆で、信頼性は高く、妥当性は低いのです。その訳は、論文体テストは、問題そのものは妥当ですが、解答は1つの模範でありいろいろ存在し、信頼性が低いといわれるからです。また、客観テストは、問題そのものの答えは1つに決められ信頼性は高いのですが、解答は本当にそれでよいかどうかはっきりせず妥当性が低いといわれるからです。

このように、妥当性と信頼性は対立する概念として存在しますが、目標に準拠した評価では、その評価の客観性を保障するものとして、妥当性と信頼性が明確に把握されていることが求められます。

3. 妥当性とカリキュラム

　妥当性には、もう1つカリキュラムとの関係の問題があります。カリキュラムを評価方法がカバーしていなくてはならないという概念です。教育目標で表現力や問題解決力を設定し実践しても、評価方法が単なる低次元のテストである場合、高次元の目標が達成されたかどうかは不明であり、子どもたちが低次元のテストに慣れてしまうと、教育目標が達成されたかどうかがわからなくなります。これは、カリキュラムと評価方法の適合性という問題になります。この適合性がうまくできていないと対処療法が取られることになるのです。評価方法への対処療法として試験対策がとられ、指導の質を吟味し高い学力を形成することが、行われないことになります。

　このような対処療法を促進することが、国や地方自治体が行う一斉学力テストなどに見られることがあります。テスト結果を公表したりすることにより、学校間競争を激化させたり、成績を上げるための練習をさせたりするようになるということです。このようなことは、学力テストの結果の妥当性について重要な問題提起をしているともいえます。

4. 信頼性と比較可能性

　2の信頼性と妥当性のところで、信頼性とはいつどこで誰が実施しても、その評価結果の精度が安定し、一貫していることを示す概念ですと説明しましたが、一般的には、従来から評価方法の信頼性と採点の信頼性の2つがあるといわれています。評価方法の信頼性は、その評価方法がどの程度安定しているかを問うもので、一定の集団に対して、一定期間を置いて何度か実施し、その相関を求めるなどをして信頼性を確かめます。採点の信頼性は、採点の一貫性を追究するもので、評価者が異なっても同じ採点が行われるかを問うものです。

　しかし、このような信頼性や妥当性を問わないで評価を行うとすると、その評価方法は客観テストや標準テストがいいということになります。そこで、考えられてきたものが比較可能性ということです。

　比較可能性とは、評価者間で評価規準が共通に理解され、評価対象を同じ評価規準で公平に評価することです。すなわち、評価の一貫性が確保されているかどうかを検討する概念です。この比較可能性を高めることが、教師の教育評価に関する熟練度を向上させるきわめて有効な手法であるといわれています。

　比較可能性の高い評価規準は、児童生徒にとって学習活動や自己評価の指針としての役割をもつものです。この評価規準による採点は、あくまでもその時点での児童生徒の到達点であり、それが最終の判定を意味するものではないということ

です。この評価規準では、児童生徒が評価で「2」をもらった場合に、「3」になるにはどのように学習を改善すればよいかを、教師と児童生徒の間で共に認識されていることが大切なことになります。そして、このようなことができる評価規準の作成が期待されるところです。

第6章
教育評価の機能

　これまで評価に関する根本的な問題点に触れてきましたが、ここで、もう一度教育評価が児童生徒の学力や発達を保障するために行うという課題に立ち返り、評価の機能について考えてみることにします。

　それは、診断的評価、形成的評価、総括的評価のことです。これらは、学習過程で行われる評価の機能でありこの3つに分化されており、それぞれの役割に即して児童生徒と教師に有効なフィードバックを行うことが必要であると考えられてきたものです。

1．診断的評価

　診断的評価とは、先にも述べましたが、例えば学校へ入学当初、また学年始めや授業開始時などにおいて、学習の前提となる学力や生活経験の実態やその有無を把握するために行うものです。この評価で得られた情報は、児童生徒に対する長期的な指導計画や学級生活などのためにフィードバックされるものです。

　このことは従来、「レディネス」という言葉が使われていました。「レディネス」は、主に学習への能力・適正といった個々の児童生徒の素質や性格、特性をさすことが多く、児童生徒の学習の可能性を明らかにするよりも、学習の制約や限界を示すものとして機能していました。

　これに対して診断的評価は、学力保障を理念とした「目標に準拠した評価」の一

環として取り組まれるものといわれています。児童生徒の学力の実態を明らかにし、授業実践に役立つもの、評価の上に立った授業を行うためのものととらえられています。したがって、診断的評価でとらえた学習の出発点における学力と、総括的評価でとらえた学習の到達点としての学力を比較することによって、その授業の成果と課題を明確にすることができるということになります。

診断的評価を行うには、2つの視点が必要です。

その1つは、新しい授業内容を学ぶために必要な既習事項や生活経験が、どの程度形成されているかを確かめるという点です。それは、例えばわり算の意味を教える場合に、かけ算の意味をどの程度理解しているかを事前に調べてみることなどです。その結果、もし既習事項の定着の不足が確認された場合には、授業の前にその定着不足を補うことをし、その後、授業を行うというようにするのです。

もう1つは、新しい授業内容についてどの程度の知識や生活経験があるかを確かめることです。それは例えば、社会科の単元「あたたかい土地とくらし」を教える場合に、沖縄のことをどの程度知っているかを事前に調べてみることなどです。

このようにして得た情報をもとに、発問や学習課題を工夫したり、つまずきやすいところを発見したりして、児童生徒が円滑に学習を進められる指導計画や授業案を立てて授業を実施することが、診断的評価に期待されていることです。

2. 形成的評価

形成的評価は、「目標に準拠した評価」の核心に触れる評価です。

教育評価は、単に児童生徒の学習結果を把握するだけではなく、教師にとっては指導の反省として、児童生徒にとっては学習の見通しを得るために行われるものです。教育評価は、教育実践の最後で実施される総括的評価のみでは不十分であって、授業の開始時の診断的評価と、授業の途中で行う形成的評価が必要となります。

ここでは、この形成的評価について深く考えてみます。

形成的評価の情報は、フィードバックされ授業がねらい通りに展開していないと判断された場合に、授業案の修正や児童生徒への援助や支援、補足を行うことに使われます。したがって形成的評価は、児童生徒の評定には使用しないようにすることが一般的です。

形成的評価の特徴は、児童生徒のつまずきを分析し、その分析を通して新たな授業計画を立案していくことにあります。教師は授業中に、児童生徒のうまい考え方を見つけ、児童生徒間にその考え方の共有化を図り、それを教材として授業を展開していくことがあります。このような授業を展開するとき教師は形成的評価を

行います。授業をしながら形成的評価ができるかできないかは、その教師の教育技術にかかっているといっても過言ではありません。

しかし一方、形成的評価には批判もあります。それは指導の効率化を求めた成果の定着を点検するための評価であり、その単なる技法に過ぎないのではないかという考え方です。このような考え方は、形成的評価を単に児童生徒があることができたか、できなかったか、ということを見るための行動主義の学習観でとらえています。

しかしながら、学習とは「既知」と「未知」との両方を行ったり来たりしながら、新しい知識を構成していくプロセスであり、そして、そのプロセスを把握する形成的評価こそ存在意義のあるものであると理解すれば、上記のような児童生徒のとらえ方による批判は起こらないと考えられます。

形成的評価で大切にしなければならない点の1つは、授業のうまい教師のエッセンスを教師間で共有するためであり、通過テストを行うためであると狭く考えないということです。もう1つの点は、形成的評価を実施する場所は、その単元のポイントになるところであり、児童生徒のつまずきやすいところであるということです。3つめは、形成的評価では、教えたこと以外のことを問わないということです。そして、形成的評価の結果を評価基準とともに児童生徒にフィードバックし、児童生徒がなぜまちがえたのか、どこでまちがえたのかを明確にして、そこを丁寧に指導することが必要であるということです。

3. 総括的評価

総括的評価は、単元終了時または学期末、学年末などに実施される評価のことです。

教育評価が児童生徒の学習結果を判定し、序列化するものだと考えられていた時には総括的評価のみでもよかったのです。しかし、すべての児童生徒の学力向上をめざす「目標に準拠した評価」が実施されるようになり、その目的を実現するための評価として診断的評価、形成的評価、総括的評価と機能分化して評価を行うことが必要であるといわれるようになりました。

このように位置づけられた総括的評価の情報は、教師にとっては実践上の反省を行うために、児童生徒にとってはどれだけ学習の目標を実現できたかを確認するためにフィードバックされるものとなります。そしてこの総括的評価の情報に基づき、評定がつけられるのです。

したがって、目標に準拠した評価では、評点や評語、すなわち評定は目標をどの

程度習得できたかを示すものとなります。

第7章
自己評価を指導にいかす

　評価の機能を、診断的評価、形成的評価、総括的評価と分化させ、それぞれの役割に即して評価し、児童生徒と教師に有効なフィードバックを行うことは、教育評価にとって重要なことです。このフィードバックこそ児童生徒の学習意欲の向上を図るための自己評価には重要であり、教育評価の機能の重要な1つとなります。

1. 自己評価とは

　自己評価は、児童生徒が自分で自己の学習状態を評価し、それによって得た情報で現在の自分の状態を確認し今後の学習や行動を、どのようにしたらよいかを考え決定することです。この自己評価能力を、メタ認知とかモニタリングともいいます。
　メタ認知は、「メタ認知的知識、人間一般や自分自身の認知についての知識や課題についての知識、方略についての知識」と「メタ認知的活動、メタ認知的モニタリングやメタ認知的コントロール」に区分されます。このような自己評価能力の形成が現在、たいへん注目されています。
　児童生徒は「相対評価」のもとで常に排他的な競争をさせられ、「頑張ってやってもまだ不十分だ」とか「努力をしないと置いていかれる」というような観念に責め立てられていることから解放されていないところが見受けられます。つまり、自信のない児童生徒が多いということです。このような事態の解決のために、「目標に準拠した評価」を機能させることが必要になるのです。実際には児童生徒が自ら

自分の価値を発見し、その歩みを確認する「自己決定」を行い「自己肯定感」を味わうことができる学習場面を設定していくことになります。それは、今日の情報化社会の進展と生涯学習社会の中で、自己学習能力の形成が求められているからです。児童生徒にとっては、学校を卒業すると学習が終了するのではなく、生涯にわたって学び続け、豊かな人生を設計できる可能性がひらかれている時代であるということだからです。すなわち、あらためて学校での学習の在り方が問われているということです。この自己学習能力は、自己評価能力なくして機能することはないと考えられます。

2. 個人内評価としての自己評価

自己評価は個人内評価の方法です。この個人内評価の発端は、大正時代に始まった生活綴り方教育の考え方にあります。

生活綴り方教育には、児童生徒と教師の生活の現実がありました。児童生徒の生活の現実には、「子どもたちが、自然や社会を含めた現実と取り組んでいる生きた姿をつかみとり、真実を作文（綴り方）として表し続けていく」ということがあります。教師の生活の現実には、「教師があるがままの子どもの姿、子どもたちを素直につかんで、愛情と知性に富んだ、飛躍の無い指導をしていく」ということがあります。この2つの生活の現実は別々に存在するものではなく、教師の指導は常に児童生徒の生活を土台とした生活綴り方に支えられています。また児童生徒の側からみれば、自分たちの生活の歩みを映し出す生活綴り方に表現することを通して、教師の生活の現実、つまり教師の指導の在り方を問い返していたともいえます。

この教師と児童生徒との関係から、児童生徒を基準にして評価しようとする個人内評価は、表面的・観念的なものにおちいらないように内的な評価としての自己評価をともなわなければならないということがわかります。つまり、自己評価をさせることによって、個人内評価が表面的・観念的にならないようにするということです。

3. 自己評価の着眼点

自己評価を行うために「自己評価カード」や「自己評価表」など様々なものが考えられ、用いられています。これは、自己評価が重要であり、それを記録・蓄積させるようにするためです。しかし、「自己評価カード」の内容が成績をつけるための判定項目の1つとなっている場合もみうけられます。外的な評価の一手段になっているのです。これでは児童生徒は自己評価カードを一種のテストと受け止め、自己防衛のために真実をカードに書かなくなります。自己評価は空洞化してしまいます。

自己評価の核心は、教育の実践場面で、児童生徒の自己決定を尊重することです。これが自己評価の着眼点の1つ目です。

　自己評価は、児童生徒の発達可能性、学力伸長の可能性に対する教師の共感的な思いや願いを背景としています。自己評価カードに記入された内容は、授業場面で活用することを重視します。評価活動に教師と児童生徒の合意場面をつくることにも役立ちます。また、テストのねらいや基準をオープンにして児童生徒と約束をするときなどにも使われます。このような自己評価の本質に根ざした取り組みを通して、児童生徒は自己学習能力を形成していくのです。

　教育というのは、「自分自身が『すばらしくなった』という自覚を児童生徒にたえずもたせる仕事だ」ともいわれます。そのために児童生徒が自分で自分を評価しやすいような手だてを講じること、つまり自己評価の様々な方法を工夫することです。これが2つ目の自己評価の着眼点です。

　それは、理科の実験をともなう授業の中で、ノートやワークシートなどの記述にみられます。たとえば、仮説を立て、実験によってそれを証明、または説明しようとする学習方法のときに行われる振り返りの記述です。これは、自己評価とは特定な評価方法と結びついた評価ではなく、教育評価が真に成立するためには常に自己評価がその本質の中になければならないということを示しています。逆に言えば、自己評価がない評価方法があるとすれば、それは単なる評定や成績つけにすぎず、児童生徒が自分のした実験があっているかどうかを常に気にすることになります。これでは、指示待ち人間を育成することになります。

　到達度評価に基づく形成的評価は、フィードバックを最終的に児童生徒にさせることによって、自己評価能力を形成しようとしました。しかし、この評価の過程においても、児童生徒の自己評価を積極的に位置づけ自己評価能力を形成しようという考え方はありませんでした。

　教師にとって真の評価は、児童生徒の「学び」の様子を深く診断するものであるとともに、評価自体が「学び」を活性化させるものであり、指導方法の一環でなければならないということです。児童生徒は、その評価方法に参加する中で自らの「学び」を自己点検するとともに、より深く学習内容を理解をしていくことになります。これが3つ目の自己評価の着眼点です。

　教育心理学の分野で興味深い調査結果が報告されています。それは、「到達度評価をするかしないか」と「教師のみが評価するか、児童自身も評価するか」という2つの次元を組み合わせた調査です。結果は、到達度評価や自己評価のように、評価基準が学習内容とのかかわりで示され、評価過程に学習者が関わるような評

価であれば、児童生徒の考えようとする態度を育成することができる可能性があるということです。これにより学習の動機づけに対して、自己評価とともに到達度評価が重要な役割を果たしていることがわかります。すなわち、目標に準拠した評価と個人内評価との結合が重要であるということです。

4. 自己評価の重要性

さまざまな場面で自己評価の重要性が指摘され、教育実践が試みられています。しかし、その議論の中で、自己評価が「教えから学びへ」、「指導から支援へ」などというように二項対立的に語られることがあります。これによって、自己評価が教育評価における最善策のような印象をあたえることがあります。

児童生徒が「前よりもよくわかった」、「これはできないが、これならできる」と自己評価をするためには、教師からもその授業のねらいに即した評価が示されることです。これによって、教師の評価と児童生徒による評価との関連が明確になります。教師の評価に児童生徒の評価の眼を通す、また児童生徒の評価に教師の評価の眼を通すという、児童生徒と教師の両方の眼を通すことによって、一方だけに偏らない確かな自己評価能力の形成が可能になるということです。

児童生徒の力を信頼した「自己評価」が実施されるようになると、児童生徒は自信をもって学習に取り組むことができるようになります。他者との比較や教師の視る目でしか自分の値打ちを確認することができなかったことから脱し、「つまずくことは恥ずかしいことではない、むしろ新しいことを学習した時には必ず起こる」、「自分がどのようなわかり方をしたのか、今までできなかったことが、どこまでできるようになったのかを確認することが大切だ」と考えるようになります。

自己評価は、教師が行う外的な評価の一手段であってはならないものです。あくまでも児童生徒の自己決定権を尊重するという立場で実施することが必要です。このことによって自己評価能力の形成がなされると考えて行いたいものです。

第8章
学習評価の様々な技法

　ここでは、評価資料を集めるための様々な技法について、それぞれの長所、短所、実施上の留意点等について考えてみます。

1. 観察法
　児童生徒の、行動や状態などを「観る」ことによって測定する技術です。特別な道具を必要としないので、いつでも、どこでも、だれでもできるものです。
　長所は、手軽に行えることです。うまく行えば、児童生徒のありのままの姿、行動、状態が測定できて簡単に評価資料を作成することができます。
　短所は、予定していた児童生徒の行動観察が難しい場合があることです。また、一度発生した行動を再び観察するために長時間を要することです。長期にわたって観察することは簡単ではありませんし、観察した行動から児童生徒の内面を推定しようとしても内面は違うことがあり、行動と内面が一致しないことが多いからです。観察者の主観も入りやすく、客観性の確保が難しいということもあげられます。

（1）実施上の留意点
　① 目立つ行動に眼がいってしまいがちになるので、観察する行動、状態を明確に設定しておくことです。
　② 行動や状態が現れそうな場面を選んで観察することです。

③　全体の文脈での位置を意識して観察すると意味がわかりやすいことがあります。
④　観察者が意識すると、対象者である児童生徒にとりつくろわれる恐れがあるので、意識しないように観察することです。
⑤　行動や状態のありのままの姿を観察するためには、複数の観察者で観察しその内容を観察者同士で話し合い観察力を向上させることです。

　また、観察法は客観的で正確な記録によって成立するものですが、記録に頼りすぎると不正確になりやすくなるのと、観察しながら記録をすることにも限界があります。したがって、客観性に心がけても、主観性をまぬがれることはできないものです。観察法は記録の仕方についての工夫と配慮が特に必要であるといえます。

(2) 主な記録の工夫
①　**行動描写法**：見たままに記録をする仕方です。実際に行うのは難しいので、音を録音したり、録画したりして、繰り返し再生しながら観察します。
②　**逸話記録法**：すべての行動や状態を記録するのは大変です。そこで、有意義な行動、状態のみ（逸話といいます）、を記録する仕方です。事実のみを記録し、解釈は別に記録して客観性を確保し、主観性を排除するように努めます。例えば「AはBをなぐろうとしたけれどもやめた」という記録をしたとします。このとき、「なぐろうとした」は児童生徒の内面のことなので、観察できないことです。このような記録は、観察記録としては主観的で、この記録を次の担任が見ると、対象者の児童生徒を乱暴者と思ってしまう恐れがあります。そこでこのような場合は、「Aは、Bに向かって手をあげたけれど途中でおろした」と事実として記録します。そして解釈として「Aは、Bをなぐろうとしたけれどもやめたようだ」としておくのが一般的です。こうすると、次の担任も「前の担任は、そう見たようだ」と受け止め、その児童生徒に対し乱暴者という先入観をもたないですむと考えられるからです。
③　**チェックリスト法**：観察する行動を、あらかじめリストにしておき、該当する行動がでたらチェックする仕方です。簡単で素早く行えるのですが、それがうまくいくかどうかは、リストの出来具合にかかっています。多くの教師で協力してリストづくりをして最善なものを作成するか、専門家が作成したリストを活用することがよい方法と思われます。
④　**評定尺度法**：観察する行動や状態をあらかじめ設定した基準にしたがって、

いくつかの段階にわけて表示し、その水準や程度の違いを表す仕方です。この評定尺度をもって観察していく方法には、点数式評定尺度法、図式評定尺度法、記述評定尺度法などがあります。

　点数式評定尺度法は、「国語は5」、「国語への関心・意欲・態度はB」とするような仕方です。図式評定尺度法は、「いつも注意している」、「ときどき注意している」、「まったく注意していない」、などと直線上に表して図式化する仕方です。記述評定尺度法は、「依頼心」という項目などで、「自分でできるときでも、すぐ他人に頼ってしまう。（C）」、「あくまでも自分でやりとげようとする。（A）」のように記述する仕方です。

　これらは、どれだけ具体的な基準ができるかということで、その使い方を考えることが重要な点になります。

2. 面接法

　児童生徒と個別に面接して質問し、児童生徒の状態を測定する技術です。試験などで行うものを口頭試問といい、思考・判断・表現なども測定できます。

　長所は、状況に応じて質問の仕方を変えるなどの融通が利くこと、詳細に追究できること、ニュアンスまで察知できるなど、児童生徒を深く理解することができます。教育相談などの重要な技法の1つであるといえます。

　もう1つの長所は、言葉で行いますので、ペーパーで行うものと比べて低年齢者まで幅広く使えるということです。また、特別な用具を使用しないために実施しやすいという利点もあります。

　短所は、その融通性にあります。面接者の資質の違いや面接場面や状況の違いなどで集めた資料の質が異なり、集計や分析をしにくいということがあげられます。融通性を限定し、場面をできるだけ限って行うとともに、面接の仕方を研修し精度を高めることが大切な点になります。

　短所の2つ目は、個別に面接を実施するために時間がかかることです。そのため、精密な資料を必要とするものに限って行うことが必要です。

　さらにもう1つの短所として、主観が入りやすいということがあげられます。複数の面接者での実施と、多数の面接者の意見の一致によって客観性を確保するということが重要なポイントになります。

3. 質問紙法

　質問紙法は、質問とそれに対する選択肢を作成し、その回答を記入させて測定

する技術です。児童生徒が自分の状態について回答するので、自己診断法といわれることもあります。

　長所は、ペーパーテストでは測定が難しい関心・意欲・態度や習慣、行動、性格そして適応性、対人関係、道徳性などの測定ができ、幅広く活用できることです。また、いっぺんに多くの人数を対象にして短時間で実施できることや、観察できない家庭での生活の様子なども測定できることです。

　短所は、収集した資料が児童生徒の表面的なものが多いということです。児童生徒の深い理解につながるものではなく、概略を知る程度のものになります。質問によっては、児童生徒が回答を避けることができ、正しい姿ではない、つくりあげられたあるべき姿の、回答になることもあります。こうならないためには、質問を工夫することが大切になります。さらに、児童生徒に読解力や表現力が必要な方法であるため、読みやすい文章表記や回答の仕方をわかりやすくする工夫もする必要があります。

4. 論文体テスト

　論文体テストは「〜について述べよ」「〜を説明せよ」などの形で出題され、文章で記述して解答する方法です。古くから用いられている伝統的な測定技術です。

　長所は、説明、推理、比較、要約、分析、応用、鑑賞、批判、態度など各種の複雑で高度な学力を測定することができます。

　短所は、採点が主観的になりやすいことと、解答が1つに決められずいろいろあり、採点が統一できないことです。また、解答に時間が必要なために多くの問題を出題できず、学習した内容のごく一部しか測定できないということがあります。

5. 客観テスト（真偽法）

　客観テスト（真偽法）は、論文体テストの採点の主観性の批判の上に工夫されてきたものです。心理学者のソーンダイクとその協力者たちによって開発されたものといわれています。採点が客観的に行えるという利点がある測定技術です。

　このテストの中の1つが真偽法というものです。短文について正しいか誤っているか、いずれか一方を選ぶ方法です。

　長所は、作問がしやすく採点が客観的に行えることです。判断力の低い小学校低学年や選択肢が2つしかできない場合に効果的な方法です。

　短所は、偶発的に正解することが起こることです。それを避けるための留意点は、問題の配列をランダムにし、正誤をたえず考えさせるようにすることです。また、

問題は正誤を明確にし、短文の一部が正しかったり、一部が誤りだったりなどのような問題づくりをしないことです。問題の正誤が同数になるようにすることも大切な点です。

6. 客観テスト（多肢選択法）

　客観テスト（多肢選択法）は、多くの選択肢の中から正答を選んで解答させる方法です。選択肢の数によって3肢選択法、4肢選択法などといいます。5で述べた真偽法は2肢選択法でもあります。

　長所は、選択肢を比較して正誤を判断するために、思考力、判断力も測定できますし、客観テストの中では最もよく用いられる方法です。選択肢の作り方しだいで、学力の状態をかなり明確に把握することができます。

　短所は、誤答の選択肢をもっともらしく作ることが難しいことです。留意点としては、過去の誤答の多かった例を選択肢に用いて作成することです。また、正答の位置が偏りがちになることがあるために、正答がランダムになるように配慮することも大切です。さらに、選択肢の数が少ないと偶然に正答することもあるため、4肢以上の選択肢を設定しその防止に努めることです。最後に、正答の文章が長くなりがちですので、選択肢の長さをそろえるようにすることも重要な点になります。

7. 客観テスト（組み合わせ法）

　客観テスト（組み合わせ法）は、左右、または上下の2列にいくつかの事項を並べて、関係のある事項を線で結ぶか、組み合わせを記号で解答させる方法です。

　長所は、2つの事項間の関係について、知識や理解を測定するのに適しています。短所は、左右同数だと正しいものから結んでいくと、最後は分からなくても正解することができてしまうことです。留意点としては、片方の事項数を2つぐらい多くし、最後まで考えさせるようにすることです。また、いろいろな関係事項が入っていると、特定の事項間での関係が理解されているかを測定しにくいことがありますので、一定の関係についての事項で出題し、その関係の理解が明確にわかるようにすることです。

8. 客観テスト（単純再生法）

　客観テスト（単純再生法）は、正答を選択させるのではなく書かせて解答させる方法です。単語など単純な答えを書かせ、採点が客観的にできるテスト法です。

　長所は、漢字、数字、人名、地名など解答が単純なものの測定に適しています。

採点が客観的に行えるのであれば、選択させるよりも書かせたほうが、学力の深さや確かさを確認できるよさがあります。

短所は、予想外の正答やいろいろな正答が出た場合、採点が客観的に行えないという点があります。それを防ぐためには、採点するにあたって迷わず、正答がはっきりとした出題をすることと、採点基準を設けておくことが大切なことになります。

もう1つの短所は、単純な知識や断片的な知識の習得で正答できてしまう可能性があるということです。このような方法を多く使いすぎないようにするとともに、できるだけ重要な事項にしぼって出題をするように留意することです。また、正答がわかっていながら誤る場合や、正答と違う書き方をしてしまう場合もあるので、文字の書き取り以外は、正答を理解されていると思われるものには得点を与えるようにすることです。さらに、解答欄の大きさが、正答の大きさや長さを暗示する場合がありますので、できるだけ同じ大きさにするように留意することが大切です。

9. 客観テスト（完成法）

客観テスト（完成法）は、文章、計算の過程、式、図などに空欄を設けて、当てはまるものを記入し解答させる方法です。

長所は、複雑な関係を含んだ文脈の中で正答を導き出すことができ、高度な理解力、思考力、判断力を測定することができます。

短所は、空欄が多いと文脈がわかりにくくなったり、思考と判断を妨げたりすることがあります。文脈がわかるように、空欄は1文で2か所まで、できたら1か所にするぐらいの配慮をする必要があります。ただし、空欄にする箇所を重要でないものにすると、重要なところが理解されているかを確認できないことがあります。空欄は、枝葉末節な部分は避け、学習内容として重要な部分を取り上げることです。

10. 問題場面テスト

問題場面テストは、問題場面を提示し、習得している知識や技能を使ってその問題に解答をさせる方法です。出題の仕方には、論文体テスト形式と選択法形式があります。

長所は、客観テストでは思考力が測定できないという批判から、思考力を測定するために考案されたものです。ウェスマンは、客観テストは「何を知っているか」を問い、論文体テストは、「何を語ることができるか」を問い、問題場面テストは、「何を発見することができるか、何をなすことができるか」を問うものであると述べています。ですからこのテストは、思考力、応用力、創造力、そして、思考・判断・

表現力が測定できる方法として有効なものであるといえます。

　短所は、作問することが大変だということです。そこで考えられることは、問題集や問題事例集などの中から、優れていると思われるものを選んで使ったり、参考にしたりして作問することです。もう1つの短所は、解答するときに時間がかかることです。そしてこの方法は、出題にスペースと時間を取ることがあげられます。また、全体の出題数が少ないと学力全体が測定できないという短所もあります。この短所を克服するためには、授業中に1、2題ずつ出題数を限定して時間がかからないものを実施し、単元全体で出題数を増やすように工夫することが必要です。

11. 作品法

　作品法は、作文、レポート、ノート、絵画、工作など教育の成果である作品を採点して評定を行い、評価のための資料とするものです。

　長所は、作品が、習得している知識、技術を使って制作されたり、思考、判断して表現されたりしているものであるため、生活で使われる確かな学力を確認できることです。これらの成績物・作品を集めたものをポートフォリオといいます。

　短所は、そのままでは評価の資料としては使いにくいことです。この点の解決のためには、採点基準を設けて得点化するか、評定基準として見本作品を定めて評定を行い、評価の資料とすることです。また、作成された過程が見えにくいという短所もあります。この点は、完成品だけでなく、下書き、試作品などの過程が見えるものも収集し活用することで解決できます。

　ポートフォリオ・アセスメントとして評価者が有効と考えるもののみを収集するという方法もありますが、これでは評価者の主観の影響は避けられません。評価のために有効かどうかの判断は、その評価を活用する教師によって異なります。そこで結果を参考にする教師のために、できるだけ多く収集しておくことが大切な点になります。

第9章 新しい学習評価の方法

ここでは、新しい評価方法の代表とされるパフォーマンス評価とポートフォリオ評価について具体的に考えていきます。

1. パフォーマンス評価

パフォーマンスとは、自分の考え方や感じ方といった内面の精神状況を身振りや動作、絵画や言語などを通して表現すること、またそのように表現されたもののことをいいます。

ですからパフォーマンス評価とは、児童生徒が五感で表現したすべての学習の結果を把握すること、そのような評価方法を創意工夫することを意味します。筆記による自由記述の評価から完成した作品や実技・実演の評価、日常的な対応や観察による評価までを含み、その中でも高次の学力である思考力、判断力、表現力をとらえようとするものです。

例えば算数「乗法の意味理解」の評価では、まず乗法の意味として、同数累加、(1あたり量)×(いくつ分)は全体量、倍などが考えられます。しかしながら、乗法が後の高学年の学習の基礎になるといわれる場合は、その意味内容として「(1あたり量)×(いくつ分)は全体量」の考え方が重要になります。つまり、乗法の意味は「加法」、同数累加を簡単にしたものだけではなく、(1あたり量)と(いくつ分)によっているということもあるわけです。このことが理解できているかを評価するこ

とも大切になります。しかし、これに対して別の評価では、「問題が理解できている」、「解法の手続きが正しくできている」、「筋道だった考え方をしている」、「自分の考え方を式、ことば、図、絵などを使って説明できている」など算数の学習に必要な考え方を評価することの重要性を指摘するものもあります。このように、いろいろな評価基準の考え方があるということを理解しておくことが必要です。

このように考えると、パフォーマンス評価では数学的な正しさや説明がうまくできるかを要求することによって、学力の発展的なものを把握しようとすることも考えられます。「乗法の意味理解」の場合であるなら、乗法の初歩的な問題「1つの箱にせっけんが4個入っています。8箱では、何個になるでしょう。」では、この問題に正答しても本当に乗法の意味内容が理解できているかどうかがわからないということになります。それは、このような問題が、正答が1つであるクローズドエンドな問題であるからです。乗法の意味内容が理解できているかどうかを評価するためには、情報過多であったり、情報不足であったりするような、オープンエンドな問題にも解答できることが必要だからです。

オープンエンドな問題は、日常的に起きる出来事であり、解答が多岐にわたります。ですから、オープンエンドな問題は「4×8＝32となるようなお話を作ってください。そして、そのお話を絵で描いてみましょう。」というような問題になります。

今までは、与えられた問題、クローズドエンドな問題をひたすら解くだけでしたが、このような問題の作成を行うことによって、児童生徒は生活の中で知っていることを使って考え、意欲的に問題に取り組むようになります。ここでは、乗法に関わる様々なことを想い起して話（問題）を作り、その場面を絵に描きます。そして児童生徒の解答は一義的に決まらず、バリエーションがあるものになります。

パフォーマンス評価では、このような児童生徒の解答の仕方を評価します。その評価規準は、「乗法の意味内容をふまえた話であるか」、「乗数と被乗数の意味が区別されているか」、「話が現実的か」、「話と絵が一致しているか」などになります。

さらに、パフォーマンス評価は高度な評価方法であり、上記のような評価規準で評価できるかということが問題点としてあげられます。これを解決するためには、評価指標をつくり、評価規準を具体化しておくことが必要です。この場合は、「十分に達成は、乗法を使って話を考える。」、「達成は、教師より示唆を得て乗法を使った話を考える。」、「部分的な達成は、乗法で時々つまずく。」、「未達成は、乗法を使わない。」というような評価指標が考えられます。

このように、パフォーマンス評価では児童生徒が表現した何によって、どのような学力を評価するかということを明確にしておくことが重要なことになります。

2. ポートフォリオ評価

　ポートフォリオとは、紙ばさみとか書類かばんということを意味します。児童生徒が作った作品や様々な評価記録を収集したものと、それを入れる容器のことです。ポートフォリオ評価の特徴を整理すると以下のようになります。

ポートフォリオ評価	標準テスト
子どもの自然な環境で行われる	不自然な出来事である
子どもが自分の弱点だけでなく長所を表現できる機会を提供する	特定の課題について、子どもがどこで失敗したかを概観させる
現実的意味のある日常的なリテラシーにかかわる課題を評価する	子どもにとって意味はないかもしれない人工的な課題について評価する
子どもが自分の作品や知識について反省する（メタ認知を獲得する）ように導く	期待された単一の解答を出すよう、子どもに求める
親が子どもの作品や知識について熟考するように即す	本質的には意味がない。しばしば恐れを抱かせるような数値を親に提供する

（「教育評価」田中耕治 P160）

(1) ポートフォリオ評価は収集・蓄積したものを大切に

　評価の対象や素材を何に求めるかという問題は、児童生徒のどのような様相を評価するかという立場にかかわることです。今までの評価は、児童生徒を「できる子」、「できない子」と決めることが目的であり、学習の結果を表すものが多くの評価要素を占めていました。これに対しポートフォリオ評価は、学習の結果だけではなく、日常の学習過程での作品や評価記録を収集・蓄積して評価しようとするものです。

　例えば、異分母分数の加法の学習において、今までの評価では、単元の最後に分数の加法の計算ができるかどうかといったテストを行うことでした。しかし、それだけでは分数の加法が理解できているかどうかを把握することは、難しいところがあります。テストだけでは、なぜ通分をする必要があるのか、なぜ分子同士をたして分母はそのままにしておくのかということを、児童生徒が理解しているかどうかがわからないからです。

　そこで、形成されつつある学力の質と課題が見えてくるような評価をする必要性があります。学習場面での児童生徒の葛藤の様子をメモ書きや小テスト、ワークシートなどから、学習の足跡を具体的にとらえることです。このような評価方法ができるのが、ポートフォリオ評価の特徴です。

総合的な学習の時間などは、多様な作品ができますので、評価方法としてポートフォリオ評価がたいへん良いと考えられています。この他、児童生徒の作品類だけでなく、教師の記録や保護者の記録、また児童生徒自身の記録も評価対象にできます。評価記録は学習の最終的な結果だけでなく、学習の過程で生れる記録も蓄積できる利点があります。評価記録を蓄積の対象とすることの意味は、学習の途中を重視するということだけでなく、検討会や自己評価を重視するというポートフォリオ評価の特徴に関わることです。

　収集・蓄積されたものには、文字による記録だけでなく、図示や描画によって示された記録、映像や音声による記録など様々なものがあります。これは学習の過程重視ということと、学力の内容を多面的に表現すること、表現方法を児童生徒が選択することを通して学力の質を高め、かつ評価することができるという評価の多様化にもつながることです。

(2) ポートフォリオ評価は検討会を大切に

　ポートフォリオ評価では、実践が開始される前に、そして実践の過程において、さらには実践のまとめを行う際に検討会が行われます。

　一般に、ポートフォリオはワーキングポートフォリオとパーマネントポートフォリオの2つに区別されています。ワーキングポートフォリオとは、日常的に作品のすべてを蓄積したもののことです。パーマネントポートフォリオとは、ある一定期間の後にワーキングポートフォリオから特定の作品（良い作品、印象に残る作品、努力した作品など）を選び出したものです。この選び出しや選択する際に、教師と児童生徒の間で検討会がもたれます。ポートフォリオ評価を実践している学校では、保護者や地域の人々の前でもポートフォリオを披露する検討会をもちます。この検討会は、保護者や地域の人々に対する授業参観などの時に行われることが多々あります。

　検討会の意義には、①教師と児童生徒の共同作業としての教育評価、②保護者や地域の人々もステークホルダー、③児童生徒の自己評価を励ます検討会、という3つがあります。

　まず、教師と児童生徒の共同作業としての検討会の実施についてです。これは、教育評価が教師による一方的なことではなく、教師と児童生徒の共同作業として取り組んでいくものであるということを意味しています。ですから検討会は、教育評価の場面に児童生徒が参加していく仕掛けであるともいえます。教師は、教育目標というねらいをもって授業を行いますが、検討会の場では教師のねらいと児童生

徒の学習目標としてのめあてがすりあわされ、その中で評価観・評価基準としての新しい目標づくりが行われます。したがって、検討会の場では、教師は児童生徒のめあてを尊重しつつ、自らのねらいを投げかけていくといったことを行います。その時の教師からの言葉かけは、「なぜこの作品を選んだの?」、「この作品で一番良い点はどこなの?」、「この作品は今までに書いたものとどこが違うの?」といったものになります。

　また、保護者や地域の人々を招いての検討会の実施については、意義が2つあります。その1つは、児童生徒にとって自分たちが1学期や1年間に学んできた学習の成果を披露するということができるということです。そして検討会としての学習成果の発表会では、保護者や地域の人々も事実上評価活動に参加しているということになります。確かにポートフォリオ評価では、教育計画は教師と児童生徒の共同の作業といわれていますが、教師と児童生徒の関係が学校という枠組みの中でということから、その共同作業が形骸化してしまうことも考えられます。その形骸化を避けるために、教師とは異なる視点から、そして教師の目が及ばない点から児童生徒への多面的な評価ができるということで、教師と児童生徒の共同作業をより活性化することが必要になります。ステークホルダーとして、児童生徒は当然であり、さらに保護者や地域の人々にも拡大されているところに、検討会の意義が存在します。これによって、学校は地域や保護者に対する説明責任を果たすことができるのです。

　さらに、検討会は児童生徒の自己評価を励ます会になるという意義もあります。検討会を準備するプロセス、検討会での教師との話し合い、そして検討会での児童生徒同士の相互評価、これらを通じて児童生徒は自己評価の力量を高めます。自己評価とは、児童生徒が自分で自分の学習の状態を評価し、それによって得た情報で自分の力を確認し今後の学習や行動に生かすことです。メタ認知とかモニタリングといわれるものがそれです。ポートフォリオ評価ではこの自己評価能力を重視します。ですからポートフォリオ評価における検討会は、教師と児童生徒との共同作業による新たな目標づくりを行うプロセスであり、自己評価能力の形成を意図的に促していく場であるといわれるのです。

(3) ポートフォリオ評価は目的と評価基準を大切に

　ポートフォリオ評価とは、評価資料の単なるファイリング作業だけではありません。目的があって、評価基準があって、ファイリングをするのがポートフォリオ評価です。ルーブリック(評価指標)を作り、それに基づいて評価をします。収集されたポートフォリオを評価指標に照らし、吟味することが大切なことになります。

例えば、実験を行う学習活動を評価する場合には、「3．データに基づいて結論を導いており、その結論を証明する証拠もあげている。」、「2．データに基づいて結論を導いているが、その結論を証明するものをあげていない。」、「1．データに基づいていない結論を導いた。」、「0．結論を導けない。」というような評価指標に照らして評価を行うことなどがこれにあたります。

第10章
教科指導等における学習評価の進め方

1. 学習評価の基本的な考え方

　学習指導要領では、目標に準拠した評価を実施し、児童生徒一人一人の進歩の状況や教科の目標の実現状況を的確に把握して、指導の改善に生かすことを求めています。あわせて、学習指導要領の内容を、確実に児童生徒が身に付けたかどうかの評価を行うことが大切であるとしています。国立教育政策研究所教育課程研究センター「評価規準の作成、評価方法等の工夫改善のための参考資料（小学校）―評価規準、評価方法等の研究開発（報告）―」の第1編総説の中では、平成12年12月の教育課程審議会答申「児童生徒の学習と教育課程の実施状況の評価の在り方について」を受け、観点別学習状況の評価を基本とする現行の評価方法を発展させ、目標に準拠した評価を一層重視するとしています。また、児童生徒一人一人のよさや可能性、進歩の状況などを積極的に評価していく観点から、個人内評価を一層充実していくことも示しています。
　そして、これからの評価の基本的な考え方を次のよう説明しています。
　まず、新学習指導要領においては、自ら学び自ら考える力などの「生きる力」を育むことを目指して、学習指導要領に示された基礎的・基本的な内容の確実な習得を図ることを重視していることから、学習指導要領に示す目標に照らしてその実現状況を見る評価（いわゆる絶対評価）を一層重視し、観点別学習状況の評価を基本として、児童生徒の学習の到達度を適切に評価していくことが重要であること。

次に、自ら学ぶ意欲や問題解決の能力、個性の伸長などに資するよう、個人内評価（児童生徒ごとのよい点や可能性、進歩の状況などの評価）を工夫することが大切であること。そして、これからは目標に準拠した評価及び個人内評価が柱となる中で、集団に準拠した評価については、児童生徒の発達段階などに配慮した上で、目的に応じて指導に生かすことが必要であるとしています。

　学習評価の観点については、①関心・意欲・態度、②思考・判断・表現、③技能、④知識・理解の4つを示しています。「関心・意欲・態度」は、各教科の学習に即した関心や意欲、学習への態度等を評価します。「思考・判断・表現」は、子どもたちの説明・論述・討論などの言語活動等を通じて評価します。すなわち、思考・判断した過程や結果を、言語活動等を通して児童生徒がどのように表現しているかを評価するということです。「技能」は、技能だけでなく表現も含めて評価します。「知識・理解」は、各教科において習得した知識や重要な概念を習得しているかどうかを内容として評価します。

2. 学校における進め方

　各学校において評価の工夫改善を進めるために必要なことは、学習指導の過程や学習の結果を継続的、総合的に把握し、評価のための規準を設定することです。それは、評価結果を教師同士が検討し実践事例を着実に継承することや、授業研究等を通じて教師一人一人の力量向上を図ることにつながることだからです。その際、校長がリーダーシップを発揮し学校として組織的・計画的に取り組むことが重要なポイントです。

　それは、学習指導要領に示されている各教科の目標や各学年の目標及び内容、各教科の評価の観点、国立教育政策研究所教育課程研究センター「評価規準の作成、評価方法等の工夫改善のための参考資料」に示された内容のまとまりごとの評価規準とその具体例を参考にして、単元ごとに観点別の評価規準を作成することです。そして、各単元の具体的な学習活動の評価規準、学習活動における具体的な評価規準を設定すること、それをどのような評価方法により評価するかを具体的に示すなど、単元ごとに評価の計画を作成することです。これによって学習指導の中に評価活動を明確に位置づけることができ、その評価結果をその後の指導に生かしていくことができるようになります。

　評価活動は、各単元だけでなく各学期、年度ごとに継続されていくものです。ですから、学校の指導と評価の計画は、各単元、各学期、各年度にわたって作成されることになります。単元の学習活動における具体的な評価規準については、細

かく設定するのではなく、無理なく評価でき、その後の指導に生かすことができるような設定の仕方を心がけることが大切です。

評価規準については、「おおむね満足できる」状況（B）について設定し、設定した評価規準に照らして、まず「おおむね満足できる」状況（B）か、「努力を要する」状況（C）かを判断し、その後さらに「おおむね満足できる」状況（B）と判断されるもののうち、児童生徒の学習の実現の程度について質的な高まりや深まりをもっていると判断されるものを「十分満足できる」状況（A）とすることがよい方法であるといわれています。

評価方法については、これまではペーパーテストによる「知識・理解」の評価や学期末などの総合的な評価など、子どもたちの学習結果の評価に偏る傾向があったと指摘されています。これでは、学習の達成状況を偏りなく見ているとはいえず、評価結果が指導に十分に生かされていないと思われてもしかたがありません。

そこで各学校においては、各教科の学習活動の特性や評価場面、評価規準や児童生徒の発達段階に応じて、ペーパーテスト、ワークシート、学習カード、行動観察、作品、ノートなど様々な評価方法の中から、その場面に応じて児童生徒の学習状況が的確に評価できる方法を選んで行っていくことが必要になります。また、評価が学期末や学年末などに偏ることのないよう評価の時期の工夫や学習の過程における評価を重視するなど、評価の場面についても工夫を加えることが大切です。さらに上記のような評価方法に加えて、児童生徒による自己評価や児童生徒同士の相互評価を工夫することも有効な方法といえます。

自己評価は、児童生徒が自己の学習状況を確認し、次の学習に意欲的に進み、取り組むためにも大切なことです。また、相互評価は、他の児童生徒の学習状況を評価することにより自己の学習状況の把握に役立つものです。自己評価と相互評価を組み合わせて評価の工夫をすることも必要なことです。

評価を適切に行うという点を重視することは、できるだけ多様な評価を行い、多くの情報を得ることです。しかし、このことにより教師は評価に追われ、児童生徒を評価づけにするということであれば、評価を行うことの本来の目的が達成されず、また評価を指導に生かすということもできなくなります。したがってこの点に配慮することは、欠かせないことです。

ペーパーテストについては、学習の達成状況を客観的に示すものであるといわれますが、学期末や学年末の評価方法として集中し、ペーパーテスト重視という批判につながると考えられます。もちろん、ペーパーテストは評価方法の1つとしては有効と考えられますが、ペーパーテストから得られる結果が、目標に準拠した評

価において、学習の達成状況を表すものにならないという自明のこととして、認識しておく必要があります。ペーパーテストを行うに際しては、個々の問題について、正答したのか正答に達しなかったのか、どこまで解答ができたのか、全体の何割正答できたのかなどといったことを、学習の達成状況と結び付いて解釈できるように問題内容のねらいを明確にして、工夫改善することが大切です。ペーパーテストは、「知識・理解」の評価に偏ることなく、「関心・意欲・態度」「思考・判断・表現」「技能」の評価も含め、児童生徒の資質や能力を多面的に把握できるように各学校で工夫することです。

　目標に準拠した評価は、評価の信頼性を高めることが重要なことです。このような認識に立つと、各学校では評価規準、評価方法について、実践を基盤とした経験やその成果を踏まえながら、絶えず教育の見直しを図っていくことが求められることになります。この見直しの過程で学力調査等の結果を利用することは、信頼性のある多様なデータ等を生かすという点で意義があります。

　また、評価の信頼性を高めるためには、評価規準、評価方法の見直しとともに、評価に関する情報の共有や交換により、評価を行う教師の判断や考え方を統一したものにします。これによって、評価に関する情報を児童生徒や保護者に対して適切に提供することができます。このことは、教育課程審議会の答申において示された「評価する人、評価される人、それを利用する人が、互いにおおむね妥当であると判断できることが信頼性の根拠として意味を持つ」という考え方にも合致するものです。

　このように目標に準拠した信頼性のある評価結果を得ることができるようにしていくことは、各学校が行う自己点検・自己評価の信頼性を高めていく上でも大きな意味をもつこととなります。

　以上のことを進めていく上で大切なこととなるのが、学校における校長のリーダーシップの発揮です。校長のリーダーシップが発揮されれば、その学校の教師が共通理解と協働のもとに、組織的・計画的に評価の工夫改善に取り組むことができるといってよいと考えます。

　以下次章から、その例として小学校国語科、社会科、算数科、理科そして、特別活動についてその学習評価の進め方としての評価規準の作成方法を、国立教育政策研究所から示されている「評価規準の作成、評価方法等の工夫改善のための参考資料」をもとにしてみていきます。

第11章 国語科指導における学習評価の進め方

1. 小学校国語科の教科目標、評価の観点及びその趣旨

(1) 目標

　国語を適切に表現し正確に理解する能力を育成し、伝え合う力を高めるとともに、思考力や想像力及び言語感覚を養い、国語に対する関心を深め国語を尊重する態度を育てる。（小学校学習指導要領　国語科の目標より）

(2) 評価の観点及びその趣旨

国語への関心・意欲・態度	話す・聞く能力	書く能力	読む能力	言語についての知識・理解・技能
国語で伝え合う力を進んで高めるとともに、国語に対する関心を深め、国語を尊重しようとする。	相手や目的、意図に応じ、話したり聞いたり話し合ったりし、自分の考えを明確にしている。	相手や目的、意図に応じ、文章を書き、自分の考えを明確にしている。	目的に応じ、内容をとらえながら本や文章を読み、自分の考えを明確にしている。	伝統的な言語文化に触れたり、言葉の特徴やきまり、文字の使い方などについて理解し使ったりするとともに、文字を正しく整えて書いている。

（第2編　評価規準に盛り込むべき事項等より）

　「話す・聞く能力」「書く能力」「読む能力」が、学習指導要領の内容の示し方やこれまでの実践を踏まえて、基礎的・基本的な知識・技能と「思考・判断・表現」

とを合わせて評価する観点として位置付けられています。
　〔伝統的な言語文化と国語の特質に関する事項〕については、「A 話すこと・聞くこと」「B 書くこと」「C 読むこと」の各内容のまとまりの中に関連する事項が含まれており、「言語についての知識・理解・技能」の観点として評価します。
(3) 学年別の評価の観点の趣旨

	国語への関心・意欲・態度	話す・聞く能力	書く能力	読む能力	言語についての知識・理解・技能
第1・2学年	国語で伝え合う力を進んで高めるとともに、国語に対する関心を深め、進んで話したり聞いたり書いたり、楽しんで読書したりしようとする。	相手に応じ、身近なことなどについて、事柄の順序を考えながら話したり、大事なことを落とさないように聞いたり、話題に沿って話し合ったりしている。	経験したことや想像したことなどについて、順序を整理し、簡単な構成を考えて文や文章を書いている。	書かれている事柄の順序や場面の様子などに気付いたり、想像を広げたりして本や文章を読んでいる。	伝統的な言語文化に触れたり、言葉の特徴やきまり、文字の使い方などについて理解し使ったりするとともに、文字を正しく丁寧に書いている。
第3・4学年	国語で伝え合う力を進んで高めるとともに、国語に対する関心を深め、工夫をしながら話したり聞いたり書いたり、幅広く読書したりしようとする。	相手や目的に応じ、調べたことなどについて、筋道を立てて話したり、話の中心に気を付けて聞いたり、進行に沿って話し合ったりしている。	相手や目的に応じ、調べたことなどが伝わるように、段落相互の関係などに注意して文章を書いている。	目的に応じ、内容の中心をとらえたり段落相互の関係を考えたりしながら本や文章を読んでいる。	伝統的な言語文化に触れたり、言葉の特徴やきまり、文字の使い方などについて理解し使ったりするとともに、文字を形や大きさ、配列、筆圧などに注意して書いている。
第5・6学年	国語で伝え合う力を進んで高めるとともに、国語に対する関心を深め、適切に話したり聞いたり書いたり、読書を通して考えを広げたり深めたりしようとする。	目的や意図に応じ、考えたことや伝えたいことなどについて、的確に話したり、相手の意図をつかみながら聞いたり、計画的に話し合ったりしている。	目的や意図に応じ、考えたことなどを文章全体の構成の効果を考えて文章に書いている。	目的に応じ、内容や要旨をとらえながら本や文章を読んでいる。	伝統的な言語文化に触れたり、言葉の特徴やきまり、文字の使い方などについて理解し使ったりするとともに、文字を書く目的や用紙全体との関係、点画のつながりなどに注意して書いている。

2. 単元の学習指導における評価の観点の設定
(1) 国語科の評価の観点の特徴を踏まえる
　「話す・聞く能力」「書く能力」「読む能力」は、それぞれ基礎的・基本的な知識・技能と「思考・判断・表現」を合わせて評価することと位置付けられています。この3つの観点のどれか1つを取り上げて指導しても、基礎的・基本的な知識・技能と「思考・判断・表現」とを合わせて評価することができます。
(2) 領域を絞って評価する
　上記の国語科の評価の観点の特徴を踏まえ、単元の指導計画を構想するときには観点を絞った評価を行い、以下のような単元における観点の決め方をします。
① 「国語への関心・意欲・態度」
　他の観点に係る資質や能力の定着に密接に関係するもので、いずれの単元にも位置付けて評価を行うことができます。
② 「話す・聞く能力」「書く能力」「読む能力」
　その単元で重点的に取り上げて指導する観点を選んで設定します。1単元1領域に絞って指導と評価を行うことが多々あります。また、1単元を2領域以上で単元を構成する場合もありますが、指導する観点を1領域に絞ることによって、重点的な指導ができるというよさがうまれます。2領域以上で単元構成を計画する場合は、それらの領域を相互に関連付けて指導することによってより高い指導の効果を得られるという場合に限ります。
③ 「言語についての知識・理解・技能」
　〔伝統的な言語文化と国語の特質に関する事項〕は各領域の指導を通して指導するものです。したがって、どの単元においてもこの事項を取り入れて評価を行います。特に、特定の事項をまとめて指導したり繰り返して指導したりするときには、「国語への関心・意欲・態度」と「言語についての知識・理解・技能」の2観点のみを設定することになります。

3. 各観点の評価方法
(1)【国語への関心・意欲・態度】
　この観点は、児童生徒が学習内容に興味・関心をもち、話したり聞いたり、書いたり読んだり、読書をしたりすることに自ら取り組もうとする意欲や態度を身に付けているかどうか、といった学習状況を評価するものです。単に、挙手や発言の回数、授業態度の善し悪しや忘れ物の有無などだけで評価するのではなく、その授業のねらいや学習活動を踏まえて、教材に対しての関心・意欲・態度を評価したいと考え

ます。この観点は、長い期間の中で何度も多面的に評価することが大切になります。
　具体的な評価場面としては、授業における発言や行動の観察と作文、ノート、ワークシート、レポートの作成や発言内容などで評価します。

(2)【話すこと・聞くこと】
　言語である「話すこと・聞くこと」の評価では、指導の重点を明確にして指導し、記録に残すために意図的・計画的に評価を蓄積し、観点別評価を進めていくことが大切です。しかし授業の中では、すべての児童生徒の状況を把握することは難しいこともあります。そこで、1つの単元ではいくつかの指導事項のうち、重点的に指導する事項を1～2項目取り上げて指導し評価します。記録の方法としては、録音、録画、観察などがあります。デジタルカメラやレコーダー等を活用することも有効です。
　具体的な評価場面としては、「取材ア」話題選びについて書き出した学習カード等、「話すことイ・ウ」言葉遣いや姿勢や口形、声の大きさの状況等、「聞くことエ」質問や感想の内容や質問・感想用カード等、「話し合いオ」意見を書き出した学習カード、意見の内容、司会者としての発言の内容等の事項が指導されたところで評価します。(ア・イ・ウ・エ・オは、「A 話すこと・聞くこと」の指導事項)

(3)【読むこと】
　この観点では、言語活動を通した指導によって児童生徒一人一人が理解したことや解釈したこと、考えたこと等を適切に評価することが大切です。授業場面では、指導のねらいに即して児童生徒が表現したもの等を評価します。これまでに指導したことが不十分だとわかった場合は、その部分に応じた適切な指導が必要です。記録に残す評価としては、話したり書いたりした内容から読む能力が身に付いたかどうかを評価することです。
　具体的な評価場面としては、発言やつぶやきの内容、紹介メモや紹介カードの内容、読書カードの記録の内容などがあります。これらは、指導のねらいに即して児童生徒が表現したものであるワークシートやカード等と発言内容を組み合わせて評価を行います。
　ワークシート等に人物の気持ちを書かせる場合も、指導のねらいに沿って評価し、「書くこと」の評価はしないことになります。

4. 小学校国語科における学習評価事例

評価規準を設定する場合に大切なことは、①児童生徒の発達の段階を踏まえること、②単元の指導のねらいを明確にすること、③単元に取り入れる言語活動などに応じること、④単元によっては、複数の領域を組み合わせて指導と評価を行うことの4点です。実際に単元を計画するときには、まず、その単元で取り上げる指導事項と言語活動を確かめます。次に、児童の実態を把握した単元の目標を設定します。さらに、単元の評価規準を設定します。最後に、指導過程を考えて1時間の授業の中での評価規準を具体的に設定します。このようなステップを踏むことによって評価規準に合った単元の指導計画が作成できます。

教材等の特徴に即して、その記述を具体化したり、必要に応じて、いくつかの設定例を参考にしたりすることにより、各学校で実施される授業に即した評価規準を設定することができます。

以下、国立教育政策研究所「評価規準の作成、評価方法等の工夫改善のための参考資料」に示されている事例を紹介します。

(事例) 第2学年　単元名「自分の宝物を紹介しよう」(第3編 評価に関する事例より)

(1) 単元の目標

　ア　自分の大切にしているものの中から一番紹介したいものを選んで発表しようとすることができる。

　イ　紹介したい宝物を選び、必要な事柄を挙げて話したり、大事なことを落とさずに紹介を聞き、感想を述べたり質問したりすることができる。

　ウ　主語と述語とを照応させて話したり、言葉には意味による語句のまとまりがあることに気付いたりすることができる。

(2) 単元の評価規準

国語への関心・意欲・態度	話・聞く能力	言語についての知識・理解・技能
・自分が大切にしているものを様々に想起し、一番紹介したいものを選んだり、その特徴や選んだ理由をはっきりさせたりして紹介しようとしている。 ・友達が紹介する大切な物について聞きたい、質問してみたいという期待や願いをもって聞こうとしている。	・自分が大切にしている物の中から、友達に一番紹介したい物を選んでいる。(話題設定ア) ・紹介する宝物のよさを考え、その特徴が伝わるように、必要な事柄を挙げている。(取材ア) ・相手が紹介したい事柄の大事なことと、自分が聞きたい事柄の大事なこととを落とさずに聞き、友達の宝物について質問したり感想を述べたりしている。(エ)	・気持ちを表す語句や色、大きさ、形を表す語句など、意味による語句のまとまりがあることに気付いて話している。(イ(ウ)) ・主語と述語とを照応させて話している。(イ(カ))

(3) 単元の指導と評価の計画（全8時間）

次	時間	ねらい、学習活動 [指導のポイント（○）]		評価規準（[ ]） 評価方法（・）
一	1・2	◎宝物紹介スピーチをする学習の見通しをもち、自分のとっておきの宝物を選ぶことができる。		
		①教師のモデルの紹介スピーチを聞き、宝物を紹介する学習の見通しをもつ。	○教師のモデルを提示することで、自分の話題を選ぶ際の手掛かりとする。	[関]自分が大切にしている物を様々に思い出し、紹介したいという思いを膨らませて学習の見通しを立てようとしている。
		②自分が大切にしている物を様々に挙げ、その中から友達に一番紹介したい宝物を選ぶ。	○話題が決められない児童に対しては、いつも使っている物や身の回りにある物の中から大切にしている物を思い出すなど、発想の具体的な観点を提示し、話題を選べるようにする。	[話・話題設定ア]自分が大切にしている物の中から、友達に一番紹介したい宝物を選んでいる。 ・大切にしている物を様々な視点から思い出して書けるような学習カードを用いて評価する。
二	3・4・5	◎宝物の特徴などに注意してスピーチの材料を集め、紹介の準備をすることができる。		
		③紹介したい宝物の特徴を短い文で書き出す。	○自分の宝物の特徴や気に入っているところ、大切にしている理由などを思い出してカードに書くようにする。	[話・取材ア]紹介したい宝物について、それはどのような物が、なぜ大切にしているのか、気に入っているところはどこかなどを考えている。
			○特徴や理由などが思い出せない児童には、宝物をよく見るよう声がけしたり宝物になったきっかけを思い出させたりする。	・どんな宝物か、宝物になった理由は何か、どこが気に入っているかなどを書き出したり、並べ替えながら話す順序を考えたりできるカードを用いて評価する。
		④紹介したい宝物について、話す事柄をカードに書いて整理し、カードを並べ換えて話す順序を決める。	○紹介したい宝物について、もう一度見たり動かしたりしながらその特徴などを確かめるようにし、さらに追加したい特徴があるときには、色の異なる追加取材用カードに記入し、発表メモとして用いるようにする。	[言イ（ウ）]気持ちを表す語句や色、大きさ、形を表す語句など、意味による語句のまとまりがあることに気付いて話す言葉を考えている。 ・カードの記述の状況を基に評価する。

次	時	学習活動	指導上の留意点	評価規準・評価方法
		⑤声に出しながら、「宝物紹介」のリハーサルをする。	○宝物紹介の準備をしながら、友達のどんな紹介を聞いてみたいかにも意識を向けられるように声がけする。 ○二人組でリハーサルを行い、宝物の素敵なところについて感想を述べたり、もっと聞きたいところについて、質問したりできるようにする。	[関]自分の思いを伝えるために、紹介の仕方を工夫しようとしている。 ・リハーサルの状況とカードの記述を基に評価する。授業において積極的に友達に聞いてもらおうとする姿が見られるかどうか、また追加取材用カードに書き加えられた内容により強く伝えたいという思いが表れる記述があるかどうかなどを中心として、伝えようとする思いの膨らみを評価する。
三	6・7・8	◎宝物紹介スピーチを聞き合い、質問や感想を述べることができる。		
		⑥宝物紹介の進め方を確認する。	○友達が紹介する宝物の素敵なところについて、「どこが」、「どのように」よいと思うのか、もっと聞きたいことはどのようなことかなど、感想や質問を述べるポイントを確認する。	[関]友達が紹介する宝物について、もっと知りたい、質問してみたいという願いをもって聞こうとしている。 ・児童の聞こうとする姿勢や質問しようとする態度を積極的に評価する。
		⑦一人ずつ全員に向けて宝物を紹介する。一人の紹介が終わったら、宝物紹介についての感想や質問を述べる。	○全員が自分の宝物を紹介できるようにするとともに、質問や感想を述べる機会を十分に確保する。 ○児童から出てきた感想や質問の仕方について、話し手と聞き手の双方にとって大事なことを落とさずに聞くようにする点から助言していく。 ・児童から出てきた、感想を述べたり質問したりするための言葉（語彙）を板書し、他の児童も使えるようにする。	[話エ]宝物の特徴や大切にしている理由など友達が話したい大事なことと、自分が聞きたい友達の宝物についての大事なことを落とさないように聞き、もっと知りたいと思ったことなどについて質問したり、友達の宝物について感想を述べたりしている。 ・主にスピーチを聞く児童の質問や感想によって評価する。繰り返しの学習の中で高まりが見られた場合は、その状況を積極的に評価する。 [言イ(カ)]主語と述語とを照応させて話している。 ・主にスピーチをする児童の状況から評価する。

第12章 社会科指導における学習評価の進め方

1. 小学校社会科の教科目標、評価の観点及びその趣旨

(1) 目標

　社会生活についての理解を図り、我が国の国土と歴史に対する理解と愛情を育て、国際社会に生きる平和で民主的な国家・社会の形成者として必要な公民的資質の基礎を養う。（小学校学習指導要領　社会科の目標より）

(2) 評価の観点及びその趣旨

社会的事象への関心・意欲・態度	社会的な思考・判断・表現	観察・資料活用の技能	社会的事象についての知識・理解
社会的事象に関心をもち、それを意欲的に調べ、社会の一員として自覚をもってよりよい社会を考えようとする。	社会的事象から学習問題を見いだして追究し、社会的事象の意味について思考・判断したことを適切に表現している。	社会的事象を的確に観察、調査したり、各種の資料を効果的に活用したりして、必要な情報をまとめている。	社会的事象の様子や働き、特色及び相互の関連を具体的に理解している。

第12章 社会科指導における学習評価の進め方

(3) 学年別の評価の観点の趣旨

	社会的事象への関心・意欲・態度	社会的な思考・判断・表現	観察・資料活用の技能	社会的事象についての知識・理解
第3・4学年	地域における社会的事象に関心をもち、それを意欲的に調べ、地域社会の一員としての自覚をもつとともに、地域社会に対する誇りと愛情をもとうとする。	地域における社会的事象から学習問題を見いだして追究し、地域社会の社会的事象の特色や相互の関連などについて思考・判断したことを適切に表現している。	地域における社会的事象を的確に観察、調査したり、地図や各種の具体的資料を活用したりして、必要な情報を集めて読み取ったりまとめたりしている。	地域の産業や消費生活の様子、人々の健康な生活や良好な生活環境及び安全を守るための諸活動、地域の地理的環境、人々の生活の変化や地域の発展に尽くした先人の働きを理解している。
第5学年	我が国の国土と産業の様子に関する社会的事象に関心をもち、それを意欲的に調べ、国土の環境の保全と自然災害の防止の重要性、産業の発展や社会の情報化の進展に関心を深めるとともに、国土に対する愛情をもとうとする。	我が国の国土と産業の様子に関する社会的事象から学習問題を見いだして追究し、社会的事象の意味について思考・判断したことを適切に表現している。	我が国の国土と産業の様子に関する社会的事象を的確に調査したり、地図や地球儀、統計などの各種の基礎的資料を活用したりして、必要な情報を集めて読み取ったりまとめたりしている。	我が国の国土と産業の様子、国土の環境や産業と国民生活との関連を理解している。
第6学年	我が国の歴史と政治及び国際社会における我が国の役割に関心をもち、それを意欲的に調べ、我が国の歴史や伝統を大切にし国を愛する心情をもつとともに、平和を願う日本人として世界の国々の人々と共に生きていくことが大切であることの自覚をもとうとする。	我が国の歴史と政治及び国際理解に関する社会的事象から学習問題を見いだして追究し、社会的事象の意味についてより広い視野から思考・判断したことを適切に表現している。	我が国の歴史と政治及び国際理解に関する社会的事象を的確に調査したり、地図や地球儀、年表などの各種の基礎的資料を活用したりして、必要な情報を集めて読み取ったりまとめたりしている。	国家・社会の発展に大きな働きをした先人の業績や優れた文化遺産、日常生活における政治の働きと我が国の政治の考え方及び我が国と関係の深い国の生活や国際社会における我が国の役割を理解している。

2. 評価規準の設定

　評価規準の設定にあたっては、題材に合う評価規準の設定例を国立教育政策研究所教育課程研究センターの「評価規準の作成、評価方法等の工夫改善のための参考資料」をもとに、各学校において必要に応じてその設定例を参考にして、具体的に設定するなど工夫をすることが大切です。なお、「評価規準の作成、評価方法等の工夫改善のための参考資料」では、以下のように学習指導要領の記述形式を踏まえて設定しています。

　学習指導要領では次のように示されている内容について例示されています。
（事例）中学年の内容（1）「身近な地域や市（区、町、村）の様子」

　自分たちの住んでいる身近な地域や市（区、町、村）について、次のことを観察、調査したり白地図にまとめたりして調べ、地域の様子は場所によって違いがあることを考えるようにする。

ア　身近な地域や市（区、町、村）の特色ある地形、土地利用の様子、主な公共
　　施設などの場所と働き、交通の様子、古くから残る建造物など

　この内容をもとにして、評価規準を設定すると下表のようになります。

社会的事象への関心・意欲・態度	社会的な思考・判断・表現	観察・資料活用の技能	社会的事象についての知識・理解
・学校の周りの地域や市（区、町、村）の特色ある地形、土地利用の様子、主な公共施設などの場所と働き、交通の様子、古くから残る建造物などに関心をもち、意欲的に調べている。 ・学校の周りの地域や市（区、町、村）の様子の特色やよさを考えようとしている。	・学校の周りの地域や市（区、町、村）の特色ある地形、土地利用の様子、主な公共施設などの場所と働き、交通の様子、古くから残る建造物などについて、学習問題や予想、学習計画を考え表現している。 ・土地利用の様子や地形的な条件や社会的な条件と関連付けたり、分布の様子を相互に比較したりして、地域の様子は場所によって違いがあることを考え適切に表現している。	・観点に基づいて観察や聞き取り調査を行ったり、地図や写真などの資料を活用したりして、学校の周りの地域や市（区、町、村）の様子について必要な情報を集め、読み取っている。 ・調べたことを主な地図記号や四方位などを用いて絵地図や白地図にまとめている。	・学校の周りの地域や市（区、町、村）の特色ある地形、土地利用の様子、主な公共施設などの場所と働き、交通の様子、古くから残る建造物の場所と様子などを理解している。 ・地域の様子は場所によって違いがあることを理解している。

（3 学習指導要領の内容、内容のまとまりごとの評価規準に盛り込むべき事項及び評価規準の設定例より）

3. 各観点の評価方法

(1)【社会的事象への関心・意欲・態度】

児童生徒が学習内容に関心をもち、調査や作業、話し合いなどの学習活動に自ら取り組もうとする意欲や態度を身に付けているかどうかの学習状況を評価します。また、この観点では、学習の中で身に付けた見方や考え方などを、社会生活の中でどのように生かしているのか、社会の形成にどのようにかかわろうとしているのかについても評価する必要があります。

例えば、活動の様子の観察、発言の内容、ワークシートの記述の内容である作業状況や学習後の感想等で評価します。具体的には、「意欲的に調べようとしているか」、「社会的事象の特色やよさを考えようとしているか」、「社会的事象に対する思いや願い」などが考えられます。

(2)【社会的な思考・判断・表現】

社会的事象から学習問題を見いだし、追究し、事象の特色や相互の関連及び意味などについて思考・判断したことを適切に表現しているかどうかを評価します。特に、説明や論述、話し合いなどの言語活動を中心にして評価することが求められます。その際、思考・判断した結果の表現内容だけでなく、思考・判断の過程についても評価する必要があります。例えば、発言内容、ワークシートの記述内容等で評価します。

(3)【観察・資料活用の技能】

社会的事象を的確に観察、調査したり、各種の資料を効果的に活用したりして、必要な情報をまとめているか評価します。資料をもとにして、グラフや地図に表したり、新聞などにまとめたりしたことを評価する必要もあります。例えば、活動の様子の観察、ワークシートや作品の記述内容等で評価します。

(4)【社会的事象についての知識・理解】

社会的事象の様子や働き、特色及び相互の関連など、知識や概念を理解しているかどうかを評価します。そのため、身に付けさせるべき知識や概念は何かについて、学習指導要領をもとにしてそれぞれの単元や取り上げる事例別に明らかにしておくことが必要です。例えば、発言の内容、ワークシートの記述内容、単元末のペーパーテスト等で評価します。

4. 小学校社会科における学習評価事例

ここでは、国立教育政策研究所「評価規準の作成、評価方法等の工夫改善のための参考資料」に示されている、単元と小単元の関係を踏まえた2つの小単元の目

標及び評価規準、指導と評価の計画、単元の目標に準拠した総括的な評価の流れを紹介します。
(事例)単元名「身近な地域や市の様子」第3学年及び第4学年内容(1)(全23時間)
(第3編　評価に関する事例より)
(1) 単元の目標
　自分たちの住んでいる身近な地域や市（区、町、村）について、身近な地域や市（区、町、村）の特色ある地形、土地利用の様子、主な公共施設などの場所と働き、交通の様子、古くから残る建造物などを観察、調査したり白地図にまとめたりして調べ、地域の様子は場所によって違いがあることを考えるようにする。
(2) 単元の評価規準

社会的事象への関心・意欲・態度	社会的な思考・判断・表現	観察・資料活用の技能	社会的事象についての知識・理解
・学校の周りの地域や市（区、町、村）の様子に関心をもち、意欲的に調べている。 ・学校の周りの地域や市（区、町、村）の様子の特色やよさを考えようとしている。	・学校の周りの地域や市（区、町、村）の様子について、学習問題や予想、学習計画を考え表現している。 ・土地利用の様子を地形的な条件や社会的な条件と関連付けたり、分布の様子を相互に比較したりして、地域の様子は場所によって違いがあることを考え適切に表現している。	・観点に基づいて観察や聞き取り調査を行ったり、地図や写真などの資料を活用したりして、学校の周りの地域や市（区、町、村）の様子について必要な情報を集め、読み取っている。 ・調べたことを主な地図記号や四方位などを用いて絵地図や白地図にまとめている。	・学校の周りの地域や市（区、町、村）の特色ある地形、土地利用の様子、主な公共施設などの場所と働き、交通の様子、古くから残る建造物の場所と様子などを理解している。 ・地域の様子は場所によって違いがあることを理解している。

(3) 第1小単元「学校の周りの地域の様子」（全13時間）
① 目標
　学校の周りの地域の様子について、特色ある地形、土地利用の様子、主な公共施設などの場所と働き、交通の様子、古くから残る建造物などを観察、調査したり、地図記号や四方位などを用いて絵地図にまとめたりして調べ、学校の周りの地域の様子は場所によって違いがあることを考えるようにする。

② 評価規準

社会的事象への関心・意欲・態度	社会的な思考・判断・表現	観察・資料活用の技能	社会的事象についての知識・理解
①学校の周りの地域の様子に関心をもち、意欲的に調べている。 ②学校の周りの地域の様子の特色やよさを考えようとしている。	①学校の周りの地域の様子について、学習問題や予想、学習計画を考え見学カードに記述している。 ②土地利用の様子を地形的な条件や社会的な条件と関連付けたり、分布の様子を相互に比較したりして、学校の周りの地域の様子は場所によって違いがあることについて考え、分かりやすく説明している。	①観点に基づいて観察や聞き取り調査を行ったり、地図や写真などの資料を活用したりして、学校の周りの地域の様子について必要な情報を集め、読み取っている。 ②調べたことを方位を確かめながら白地図に記入し、主な地図記号や四方位などを用いて絵地図などにまとめている。	①学校の周りの地域の特色ある地形、土地利用の様子、主な公共施設などの場所と働き、交通の様子、古くから残る建造物の場所と様子などを理解している。 ②学校の周りの地域の様子は場所によって違いがあることを理解している。

③ 指導と評価の計画（全13時間）

過程	ねらい[第○時]	主な学習活動・内容	資料	評価方法と【評価規準】
学習問題をつかむ	学校の周りの地域の様子に関心をもつようにする。[①]	見晴らしのよい場所から展望、観察したり、学校の周りの様子について話し合ったりして、調べる場所を決める。	校区の略地図	活動の様子や発言の内容から、「知っていることを想起して意欲的に話し合い、これから調べる地域の様子に関心をもとうとしているか」を評価する。【関－①】
	自分たちの住んでいるまちは、どのようなようすなのだろう。			
	学校の周りの地域の様子について、調べる観点や方法を考えることができるようにする。[②③]	調べる場所の様子について確かめたいことを話し合い、調べに行く計画を立てる。 ・調べる観点 ・コースなど	見学カード	見学カードの記述内容から、「自分なりの予想をもち、場所の様子を観察・調査する観点やそのための方法を具体的に考えることができたか」を評価する。【思－①】
調べる	観察したり聞き取り調査を行ったりして、学校の周りの地域の様子を調べることができるようにする。[④～⑥]	学校の周りの地域を観察したり聞き取り調査を行ったりして、観点ごとに各自の見学カードや白地図に記入する。 ・土地の高低、場所の様子 ・地理的位置（学校との関係）	見学カード 白地図	見学カードの記述内容から、「学校の周りの様子に関心を示し観察・調査する観点に基づいて必要な情報を意欲的に集めることができたか」を評価する。【技－①】【関－①】 白地図の記述内容から「調べたことを方位を確かめて適切に位置付けることができたか」を評価する。【技－②】

調べる	調べたことを絵地図にまとめることができるようにする。[⑦⑧]	各自の見学カードや白地図に記入したことを使って、グループごとに絵地図にまとめる。	見学カード 白地図	絵地図にまとめる様子から、「自分の見学カードや白地図から必要な情報を選んで書き込むことができたか」を評価する。【技-②】
	地図記号のよさを知り、活用できるようにする。[⑨⑩]	地図記号を用いたり土地利用の様子を色分けしたりして、学級全体の大地図にまとめる。	各グループの絵地図	まとめた大地図から、「土地利用の様子が分かるように色分けできたか、方位を確かめたり地図記号を活用したりすることができたか」を評価する。【技-②】
考え・まとめる	学校の周りの地域におけるいろいろな場所の様子を理解できるようにする。[⑪]	調べたそれぞれの場所の様子を吹き出しやタックシールなどに書き、作成した大地図に貼ってまとめる。・場所ごとの分布の様子	大地図	吹き出しやタックシールの内容から、「特色ある地形、土地利用の様子、主な公共施設などの場所と働き、交通の様子、古くから残る建造物などの場所と様子を理解しているか」を評価する。【知-①】
	場所による様子の違いやそのわけを考えることができるようにする。[⑫]	場所による様子の違いやそのわけについて大地図を見ながら話し合う。・場所による様子の違い	大地図	発言の内容やノートの記述内容から、「土地利用の様子を地形的な条件や社会的な条件と関連付けて考え、説明することができたか」を評価する。【思-②】
	学校の周りの地域におけるいろいろな場所の特色やよさをまとめることができるようにする。[⑬]	調べたことや考えたことを基に、自分たちの住んでいる地域の紹介文を書く。・学校の周りの地域の様子・場所ごとの特色やよさ	大地図	紹介文の内容から、「地域の特色やよさを考えようとしているか」を評価する。【関-②】 紹介文の内容から「場所による様子の違いを理解しているか」を評価する。【知-②】

(4) 第2小単元「市の様子」(全10時間)

① 目標

　自分たちの住んでいる市の様子について、特色ある地形、土地利用の様子、主な公共施設などの場所と働き、交通の様子、古くから残る建造物などを観察、調査したり、絵地図や地図記号、四方位などを用いて白地図などにまとめたりして調べ、市の様子は場所によって違いがあることを考えるようにする。

② 評価規準

社会的事象への関心・意欲・態度	社会的な思考・判断・表現	観察・資料活用の技能	社会的事象についての知識・理解
①市の様子に関心をもち、意欲的に調べている。 ②市の様子の特色やよさを考えようとしている。	①市の様子について、学習問題や予想、学習計画を考え表現している。 ②土地利用の様子を地形的な条件や社会的な条件と関連付けたり、分布の様子を相互に比較したりして、市の様子は場所によって違いがあることについて考え、分かりやすく説明している。	①地図や写真などの資料を活用して、市の様子について必要な情報を集め、読み取っている。 ②調べたことを地図記号や四方位などを用いて白地図にまとめている。	①市の特色ある地形、土地利用の様子、主な公共施設などの場所と働き、交通の様子、古くから残る建造物の場所と様子などを理解している。 ②市の様子は場所によって違いがあることを理解している。

③ 指導と評価の計画（全10時間）

過程	ねらい[第○時]	主な学習活動・内容	資料	評価方法と【評価規準】
学習問題をつかむ	市全体の様子や市内の様々な場所に関心をもつようにする。[①]	市の地図を見て、市の様子について学校の周りの地域の様子と比べて気付いたことを話し合う。 ・市の形や広がりなど	市の地図	活動の様子や発言の内容から、「市の形や大まかな地形の様子、様々な場所の様子について関心をもち、意欲的に調べようとしているか」を評価する。【関−①】
	学校の周りのように、市のようすも場所によってちがいがあるだろうか。			
	市の様子について、調べる計画を立てることができるようにする。[②]	市の地図や土地利用図、航空写真などから場所ごとの様子に目を向け、学習問題について調べる計画を立てる。	市の地図、航空写真、土地利用図	発言の内容やノートの記述内容から「学校の周りの地域の様子の学習で学んだ調べ方を生かして、市の様子を調べる計画を立てることができたか」を評価する。【思−①】
調べる	資料などを活用して市内の様子を調べることができるようにする。[③〜⑤]	グループに分かれて市内の様々な場所の様子について調べる。 ・地形、土地利用、公共施設、交通、古から残る建造物の場所や様子など	市の地図、副読本、市の広報誌、ホームページ	ノートの記述内容から、「地図や副読本、パンフレット等から必要な情報を集め、その内容を適切に読み取ることができたか」を評価する。【技−①】

		市のようすの特色やよさをガイドマップに表そう。		
調べる	調べたことを整理してまとめることができるようにする。[⑥⑦]	市の白地図を活用してグループごとに調べて分かったことをまとめ、発表する。	市の白地図	白地図の記述内容から「調べたことや地図記号など必要な情報を方位を確かめながら記入することができたか」を評価する。【技-②】
考え・まとめる	市の様子の特色やよさ、それらの場所による違いを地形的な条件や社会的な条件と関連付けて考えることができるようにする。[⑧⑨]	グループごとの調査内容を学級全体で「市のガイドマップ」としてまとめ、それを見ながら市内の地域の特色やよさを考え、説明する。 ・地形的な条件や社会的な条件との関わり ・市全体の地理的な特色など	市のガイドマップ	発言の内容やノートの記述内容から、「土地利用の様子を地形的な条件や社会的な条件と関連付けて、それぞれの地域の特色や相違点、よさを説明することができたか」を評価する。【思-②】 ガイドマップやノートの記述内容から「市の様子の特色やよさを考えようとしているか」を評価する。【関-②】
	市の様子は場所によって違いがあることを理解できるようにする。[⑩]	各自でガイドマップを使った観光案内文を書く。 確認(ペーパー)テストを行う。	市のガイドマップ	観光案内文の内容から、「市の様子の特色やよさを考えようとしているか」を評価する。【関-②】 テストの解答から、「市の様子は場所によって違いがあることを具体的に理解しているか」を評価する。【知-①, ②】

第13章
算数科指導における学習評価の進め方

1. 小学校算数科の教科目標、評価の観点及びその趣旨

（1）目標
　算数的活動を通して、数量や図形についての基礎的・基本的な知識及び技能を身に付け、日常の事象について見通しをもち筋道を立てて考え、表現する能力を育てるとともに、算数的活動の楽しさや数理的な処理のよさに気付き、進んで生活や学習に活用しようとする態度を育てる。（小学校学習指導要領　算数科の目標より）

（2）評価の観点及びその趣旨

算数への 関心・意欲・態度	数学的な考え方	数量や図形についての技能	数量や図形についての知識・理解
数理的な事象に関心をもつとともに、算数的活動の楽しさや数理的な処理のよさに気付き、進んで生活や学習に活用しようとする。	日常の事象を数理的にとらえ、見通しをもち筋道立てて考え表現したり、そのことから考えを深めたりするなど、数学的な考え方の基礎を身に付けている。	数量や図形についての数学的な表現や処理にかかわる技能を身に付けている。	数量や図形についての豊かな感覚をもち、それらの意味や性質などについて理解している。

（第2編　評価規準に盛り込むべき事項等より）

　「日常の事象を数理的にとらえること」や「見通しをもち筋道を立てて考え表現すること」などが数学的な考え方の基礎となります。さらに、考えを表現したことから、その考えを広げたり深めたりすることが重要であることが強調されています。

したがって、この観点では、基礎的・基本的な知識及び技能を活用して、考えたことを、数、式、図、言葉などに表し、説明したり伝え合ったりするといった学習活動を通して評価することです。

数、式、図、表、グラフに表すような数学的な表現については、「数量や図形についての技能」の観点で評価します。

(3) 学年別の評価の観点の趣旨

	算数への関心・意欲・態度	数学的な考え方	数量や図形についての技能	数量や図形についての知識・理解
第1学年	数量や図形に親しみをもち、それらについて様々な経験をもとうとする。	数量や図形についての基礎的・基本的な知識及び技能の習得や活用を通して、数理的な処理に親しみ、考え表現したり工夫したりしている。	整数の計算をしたり、身の回りにある量の大きさを比較したり、図形を構成したり、数量の関係などを表したり読み取ったりするなどの技能を身に付けている。	数量や図形についての感覚を豊かにするとともに、整数の意味と表し方及び整数の計算の意味を理解し、量、図形及び数量の関係についての理解の基礎となる経験を豊かにしている。
第2学年	数量や図形に親しみをもち、それらについて様々な経験をもとうとするとともに、知識や技能などを進んで用いようとする。	数量や図形についての基礎的・基本的な知識及び技能の習得や活用を通して、数理的な処理に親しみ、考え表現したり工夫したりしている。	整数の計算をしたり、長さや体積などを測定したり、図形を構成したり、数量の関係などを表したり読み取ったりするなどの技能を身に付けている。	数量や図形についての感覚を豊かにするとともに、整数の意味と表し方、整数の計算の意味、長さや体積などの単位と測定の意味、図形の意味及び数量の関係などについて理解している。
第3学年	数理的な事象に関心をもつとともに、知識や技能などの有用さ及び数量や図形の性質や関係を調べたり筋道を立てて考えたりすることのよさに気付き、進んで生活や学習に活用しようとする。	数量や図形についての基礎的・基本的な知識及び技能の習得や活用を通して、日常の事象について見通しをもち筋道を立てて考え表現したり、そのことから考えを深めたりするなど、数学的な考え方の基礎を身に付けている。	整数などの計算をしたり、長さや重さなどを測定したり、図形を構成要素に着目して構成したり、数量の関係などを表したり読み取ったりするなどの技能を身に付けている。	数量や図形についての感覚を豊かにするとともに、整数、小数及び分数の意味と表し方、計算の意味、長さや重さなどの単位と測定の意味、図形の意味及び数量の関係などについて理解している。

第4学年	数理的な事象に関心をもつとともに、知識や技能などの有用さ及び数量や図形の性質や関係を調べたり筋道を立てて考えたりすることのよさに気付き、進んで生活や学習に活用しようとする。	数量や図形についての基礎的・基本的な知識及び技能の習得や活用を通して、日常の事象について見通しをもち筋道を立てて考え表現したり、そのことから考えを深めたりするなど、数学的な考え方の基礎を身に付けている。	整数、小数及び分数の計算をしたり、図形の面積を求めたり、図形を構成要素の位置関係に着目して構成したり、数量の関係などを表したり調べたりするなどの技能を身に付けている。	数量や図形についての感覚を豊かにするとともに、整数、小数及び分数の意味と表し方、計算の意味、面積などの単位と測定の意味、図形の意味及び数量の関係などについて理解している。
第5学年	数理的な事象に関心をもつとともに、数量や図形の性質や関係などに着目して考察処理したり、論理的に考えたりすることのよさに気付き、進んで生活や学習に活用しようとする。	数量や図形についての基礎的・基本的な知識及び技能の習得や活用を通して、日常の事象について論理的に考え表現したり、そのことを基に発展的、統合的に考えたりするなど、数学的な考え方の基礎を身に付けている。	小数や分数の計算をしたり、図形の面積や体積を求めたり、図形の性質を調べたり、数量の関係などを表したり調べたりするなどの技能を身に付けている。	数量や図形についての感覚を豊かにするとともに、整数の性質、分数の意味、小数や分数の計算の意味、面積の公式、体積の単位と測定の意味、図形の意味や性質及び数量の関係などについて理解している。
第6学年	数理的な事象に関心をもつとともに、数量や図形の性質や関係などに着目して考察処理したり、論理的に考えたりすることのよさに気付き、進んで生活や学習に活用しようとする。	数量や図形についての基礎的・基本的な知識及び技能の習得や活用を通して、日常の事象について論理的に考え表現したり、そのことを基に発展的、統合的に考えたりするなど、数学的な考え方の基礎を身に付けている。	分数の計算をしたり、図形の面積や体積を求めたり、図形を構成したり、数量の関係などを表したり調べたりするなどの技能を身に付けている。	数量や図形についての感覚を豊かにするとともに、分数の計算の意味、体積の公式、速さの意味、図形の意味及び数量の関係などについて理解している。

2. 各観点の評価方法

(1)【算数への関心・意欲・態度】

　児童生徒が、日常生活において体験する事象を算数の問題としてとらえ、自ら進んで問題解決に取り組む意欲や態度を身に付けているかどうかという学習状況を評価するものです。新しい課題にぶつかったときに既習の学習内容を用いて解決する態度や、身に付けたことを生活や学習に活用しようとする態度についても評価する

ことが必要です。

「算数への関心・意欲・態度」の評価は、特に学習活動への取り組み状況の把握の仕方が大切となります。そのためには、チェックシートや座席表などを用意し、評価資料としてノート・ワークシートの記述、発言内容等といった児童生徒の反応を書き込めるようにしておくことなどが考えられます。また、評価の際には、1つの単元の中での前半から後半への学習の高まりや伸びを積極的に評価することです。そこで「算数への関心・意欲・態度」の評価を単元の始めの方と終わりの方に位置付けて評価することなども考えられています。さらに、授業後の学習感想などから、学んだことを活用しているかどうかについて見取ることなども有効な評価の手立てとなります。

(2) 【数学的な考え方】

この観点では、問題解決において考えたことを、表現したり説明したりしたことについて評価します。そのためには、解決するための方法や結果の見通しをもたせ、根拠を明らかにしながら筋道を立てて考えることを重視します。そして、言葉、数、式、図、表、グラフを用いて考えたり、説明したり、互いに自分の考えを表現し伝え合ったりしているかどうかを見取り評価します。さらに、自らの考え方を振り返る中で、考え方のよさや誤りに気付いたり、よりよい考え方を作ったりしていることについても評価していくことが必要です。

評価するときは、問題解決の結果だけでなく、その過程を含めた評価を行うことが重要です。例えば、学習活動の観察やノートの記述を分析することです。既習の知識や技能を活用して考えようとしているか、どのように考えて導くことができたかということを、言葉や式で記述されたものや、発言の内容、ノート・ワークシートに書かれた内容から見取ることです。「算数への関心・意欲・態度」の観点と同じように、それぞれの評価の機会と関連させて評価することも重要なことになります。

(3) 【数量や図形についての技能】

この観点では、「整数、小数、分数などの計算をすること」や「式や表やグラフに表すこと」など、数や式やグラフなどの数学的な表現を、適切に読み取ったり用いたりする技能が身に付いているかどうかについて評価するのです。

その際、ペーパーテストや、適応・習熟問題等の結果のみで見取るのではなく、学習活動における状況の把握が大切となります。そこで、指導のねらいに照らして児童の学習状況を見取り、各時間の中で適切に評価することが望まれます。式やグラフなどが正しく表されているかをノートやワークシートの記述から見取ること、

算数科指導における学習評価の進め方　第13章

算数の用具が正しく使えているかといったことなどについても行動の観察から見取ることができます。これらの見取りとペーパーテストや適応・習熟問題の結果を合わせながら、評価の妥当性を確保することが重要なことになります。

(4)【数量や図形についての知識・理解】

　計算の意味や仕方、図形の定義や性質など習得していなければならない知識や重要な概念などを、児童生徒が理解しているかどうかについて評価します。特に知識については、いつでも活用できるようになっているかどうかについて評価することです。そのためには、算数の用語が正しく使えるかどうかや、計算の際にその仕方や意味を的確に説明できるかといったことについても評価する必要があります。

　大切なことは、「数量や図形についての技能」の観点と同じように、ペーパーテストや適応・習熟問題等だけで見取るのではなく、ノートやワークシートの記述内容も合わせて評価するなど、学習活動に即して評価場面を設定することです。例えば、たし算の筆算のところでは、「(4けた)＋(4けた)の筆算は、(3けた)＋(3けた)の筆算と同じように、位をそろえて、一の位から順にたしていけばよい。」といった児童生徒の記述から、たし算の筆算の手順を理解しているということを見取ることができます。ここでも、ペーパーテストや適応・習熟問題の結果等も交えて評価の妥当性を確保することです。

3. 小学校算数科における学習評価事例

　評価規準の設定にあたっては、単元に合う評価規準の設定例を国立教育政策研究所の「評価規準の作成、評価方法等の工夫改善のための参考資料」をもとに、必要に応じて各学校で評価規準の設定例の記述を具体化したり、いくつかの設定例を参考にして設定したりするなどの工夫が必要です。

　以下、国立教育政策研究所教育課程研究センター「評価規準の作成、評価方法等の工夫改善のための参考資料」に示されている事例を紹介します。

(事例) 単元名「面積」第4学年「B　量と測定」「D　数量関係」
(第3編　評価に関する事例より)

　本時部分は、1㎡の大きさを実際に作ったり、1㎡を単位にして教室の面積を測定したりすることを学習する場面です。学習活動は、面積の単位 (㎡) を理解し、1㎡の大きさの感覚をもつことをねらいとして、1㎡の大きさを新聞紙で作り、教室の面積を調べたり、花壇の面積を1㎡の面積をもとに予想したりする活動を行います。

　ここでの評価の観点は「数量や図形についての知識・理解」ですので、評価規

準は「面積の単位（㎡）を知り、1㎡の大きさについて豊かな感覚をもっている。」とします。

　そのため、評価規準の設定にあたっては、教室の黒板は1㎡の正方形の四つ分ぐらいで面積は4㎡になるなど、1㎡を単位として面積をとらえていることや、1㎡の面積を既習事項の1c㎡の面積と関連させてとらえ、教室の面積をもとにして花壇の面積の見当がつけられるというような、面積についての豊かな感覚を養うことが必要になります。

(1) 単元の目標

　面積の単位と測定の意味について理解し、正方形や長方形の面積を求めることができる。また、正方形や長方形を組み合わせた図形の面積の求め方を考え説明することができる。

(2) 単元の評価規準

算数への関心・意欲・態度	数学的な考え方	数量や図形についての技能	数量や図形についての知識・理解
・面積の大きさを数値化して表すことのよさに気付いている。 ・正方形や長方形の面積の公式を導きだそうとしている。	・正方形や長方形の面積の求め方を考えている。	・正方形や長方形の面積を公式を用いて求めることができる。	・面積の単位（cm^2, m^2, km^2, a, ha）と測定の意味について理解している。 ・必要な部分の長さを用いることで、正方形や長方形の面積は計算によって求めることができることを理解している。 ・$1m^2$がどれくらいの面積なのかを、身の回りのものの面積を基にして捉えるなど面積の大きさについての豊かな感覚をもっている。
・公式を用いると、数量の関係を一般的に表すことができるというよさに気付き、進んで用いようとしている。	・公式はいろいろな問題に活用できることを見いだしている。	・公式を用いて数量の関係を表したり、公式の言葉で表されているものにいろいろな数を当てはめることができる。	・公式が一般的な数量の関係を表していることなど、公式についての考え方を理解している。

(3) 指導と評価の計画（13時間）

時間	ねらい・学習活動	評価規準（評価方法）			
		算数への関心・意欲・態度	数学的な考え方	数量や図形についての技能	数量や図形についての知識・理解
1	面積の用語を知り、正方形と長方形の広さの比べ方を、単位となる大きさを基に考え、表現する。 ・既習事項を想起し、単位となる大きさを決め、その幾つ分になるのか数値化して比べる。	○面積の大きさを数値化して表すことのよさに気付いている。（調べたり発表したりする様子の観察）	◎正方形や長方形の面積について、単位となる大きさを基にして数値化するなどを考えている。（ノート記述の分析）		
2	面積の単位（cm^2）と測定の意味を理解する。 ・$1cm^2$の個数で面積を調べたり、同じ面積を違った形で方眼に表したりする。				○面積の単位（cm^2）と測定の意味を理解している。（調べたり発表したりする様子の観察）
3	正方形や長方形の面積は計算によって求めることができることを理解する。 ・正方形や長方形の面積が計算で求められることから、それらの面積の求め方を考える。		○正方形や長方形の面積の求め方を考えている。（調べたり発表したりする様子の観察）		○必要な部分の長さを用いることによって、正方形や長方形の面積は計算によって求めることができることを理解している。（ノート記述の観察）
4	正方形や長方形の面積の公式を考え表現し、公式について理解する。 ・正方形や長方形の面積が計算で求められることから、それらの面積を求める公式を考えたり、公式を用いて面積を求めたりする。	◎公式を用いると、数量の関係を一般的に表すことができるというよさに気付き、正方形や長方形の面積の公式を導き出そうとしている。（調べたり発表したりする様子の観察）			○公式が一般的な数量の関係を表していることなど、公式についての考え方を理解している。（調べたり発表したりする様子の観察）

時間	ねらい・学習活動	評価規準（評価方法）			
		算数への関心・意欲・態度	数学的な考え方	数量や図形についての技能	数量や図形についての知識・理解
5	正方形や長方形の面積を求める公式を活用する。 ・正方形や長方形の面積を公式を用いて求めたり、公式から辺の長さを求めたりする。		○公式はいろいろな問題に活用できることを見いだしている。(調べたり発表したりする様子の観察)	◎正方形や長方形の面積を公式を用いて求めたり、公式から辺の長さを求めたりすることができる。(ノート記述の分析)	
6	正方形や長方形を組み合わせたL字型や凹字型などの図形の面積の求め方を考え表現する。 ・L字型や凹字型などの図形の面積を、正方形や長方形に分割したり、全体から部分を引いたりして求める。	○公式を進んで用いようとしている。(調べたり発表したりする様子の観察)	◎正方形や長方形を組み合わせた図形の面積について考えている。(ノート記述の分析)		
7 8 本時	面積の単位(m^2)を理解し、1m^2の大きさの感覚をもつ。 ・1m^2の大きさを新聞で作り、教室の面積を調べたり、花壇の面積を1m^2の面積を基に予想したりする。				◎面積の単位(m^2)を知り、1m^2の大きさについて豊かな感覚をもっている。(調べたり発表したりする様子の観察、ノート記述の分析)
9	身の回りにあるものの面積について、およその見当を付けて測定する。 ・折り紙、机の面、花壇、体育館などの面積について、定規や巻尺などを用いて測定する。			○身の回りにあるものの面積を実際に測定することができる。(学習活動の観察)	◎大きさの見当を付けたり、適切な単位を選択したりするなど豊かな感覚をもっている。(ノート記述の分析)

10 11	大きな面積の単位(a、ha、km²)を知り、それらの関係について理解する。 ・水田や畑，牧場などの大きな面積を求める。			○公式を用いて数量の関係を表したり、公式の言葉で表されているものにいろいろな数を当てはめることができる。(調べたり発表したりする様子の観察)	○面積の単位(a、ha、km²)を知り、それらの関係について理解している。(調べたり発表したりする様子の観察)
12	面積の単位と測定の意味、正方形や長方形の面積の求め方を理解したり、正方形や長方形、L字型などの図形の面積を求めたりする。 ・学習内容を振り返りまとめる。			◎正方形や長方形などの面積を求めることができる。(ペーパーテストの記述の分析)	◎面積の単位と測定の意味について理解している。(ペーパーテストの記述の分析)
13	単元の学習内容を振り返り、理解を確かにする。 ・児童の学習状況に応じて、補充的な学習をしたり、発展的な学習をしたりする。			○正方形や長方形の面積を求めることができる。(ワークシートの記述の分析)	○面積の単位と測定の意味について理解している。(ワークシートの記述の分析)

第14章
理科指導における学習評価の進め方

1. 小学校理科の教科目標、評価の観点及びその趣旨

(1) 目標
　自然に親しみ、見通しをもって観察、実験などを行い、問題解決の能力と自然を愛する心情を育てるとともに、自然の事物・現象についての実感を伴った理解を図り、科学的な見方や考え方を養う。(小学校学習指導要領　理科の目標より)

(2) 評価の観点及びその趣旨

自然事象への 関心・意欲・態度	科学的な思考・表現	観察・実験の技能	自然事象についての 知識・理解
自然に親しみ、意欲をもって自然の事物・現象を調べる活動を行い、自然を愛するとともに生活に生かそうとする。	自然の事物・現象から問題を見いだし、見通しをもって事象を比較したり、関係付けたり、条件に着目したり、推論したりして調べることによって得られた結果を考察し表現して、問題を解決している。	自然の事物・現象を観察し、実験を計画的に実施し、器具や機器などを目的に応じて工夫して扱うとともに、それらの過程や結果を的確に記録している。	自然の事物・現象の性質や規則性、相互の関係などについて実感を伴って理解している。

(第2編　評価規準に盛り込むべき事項等より)

(3) 学年別の評価の観点の趣旨

	自然事象への関心・意欲・態度	科学的な思考・表現	観察・実験の技能	自然事象についての知識・理解
第3学年	自然の事物・現象を興味・関心をもって追究し、生物を愛護するとともに、見いだした特性を生活に生かそうとする。	自然の事物・現象を比較しながら問題を見いだし、差異点や共通点について考察し表現して、問題を解決している。	簡単な器具や材料を見付けたり、使ったり、作ったりして観察、実験やものづくりを行い、その過程や結果を分かりやすく記録している。	物の重さ、風やゴムの力並びに光、磁石の性質や働き及び電気を働かせたときの現象や、生物の成長のきまりや体のつくり、生物と環境とのかかわり、太陽と地面の様子などについて実感を伴って理解している。
第4学年	自然の事物・現象を興味・関心をもって追究し、生物を愛護するとともに、見いだした特性を生活に生かそうとする。	自然の事物・現象の変化とその要因とのかかわりに問題を見いだし、変化と関係する要因について考察し表現して、問題を解決している。	簡単な器具や材料を見付けたり、使ったり、作ったりして観察、実験やものづくりを行い、その過程や結果を分かりやすく記録している。	空気や水の性質や働き、物の状態の変化、電気による現象や、人の体のつくりと運動、動物の活動や植物の成長と環境とのかかわり、気象現象、月や星の動きなどについて実感を伴って理解している。
第5学年	自然の事物・現象を意欲的に追究し、生命を尊重するとともに、見いだしたきまりを生活に当てはめてみようとする。	自然の事物・現象の変化とその要因との関係に問題を見いだし、条件に着目して計画的に追究し、量的変化や時間的変化について考察し表現して、問題を解決している。	問題解決に適した方法を工夫し、装置を組み立てたり使ったりして観察、実験やものづくりを行い、その過程や結果を的確に記録している。	物の溶け方、振り子の運動の規則性、電流の働きや、生命の連続性、流水の働き、気象現象の規則性などについて実感を伴って理解している。
第6学年	自然の事物・現象を意欲的に追究し、生命を尊重するとともに、見いだしたきまりを生活に当てはめてみようとする。	自然の事物・現象の変化とその要因との関係に問題を見いだし、推論しながら追究し、規則性や相互関係について考察し表現して、問題を解決している。	問題解決に適した方法を工夫し、装置を組み立てたり使ったりして観察、実験やものづくりを行い、その過程や結果を的確に記録している。	燃焼、水溶液の性質、てこの規則性及び電気による現象や生物の体の働き、生物と環境とのかかわり、土地のつくりと変化のきまり、月の位置や特徴などについて実感を伴って理解している。

上記の評価の観点は、学習指導要領の内容の「A 物質・エネルギー」、「B 地球・生命」を内容のまとまりとしています。A・B区分ともに「自然事象への関心・意欲・態度」、「科学的な思考・表現」、「観察・実験の技能」、「自然事象についての知識・理解」について、目標に照らして評価規準を設定して評価を行うようにします。また、問題解決の能力の育成も求められていますので、以下のように各学年の重点とする問題解決の能力や児童生徒の見方・考え方、調べる視点などを整理しておくことも必要となります。

重点的に育成する問題解決の能力や児童が調べる視点

学年	問題解決の能力	見方・考え方	調べる視点
3年	比較する力 違いに気づく力	生物の愛護 共通性や相互関係 物質の性質、特徴	身近な自然の事物・現象について、差異点や共通点について比較しながら調べる
4年	要因を抽出する力 関係付ける力	生物の愛護 物事・現象の性質や変化 規則性、関係性	自然の事物・現象について、事象の変化とそれに関わる要因を抽出し、関係付けながら調べる
5年	条件を制御する力 問題を計画的に追究する力	生命の尊重 連続性 変化の規則性	自然の事物・現象について、量的、時間的変化や働きをそれらに関わる条件に着目して調べる
6年	要因や規則性、関係性を推理する力	生命の尊重 相互関係　規則性 関係性	自然の事物・現象について、その変化や働きをその要因、規則性、関係性を推理しながら調べる

（佐賀県教育センター「新学習指導要領における学習評価の進め方　小学校理科」より）

2. 評価規準の設定

　評価規準の設定にあたっては、国立教育政策研究所「評価規準の作成、評価方法等の工夫改善のための参考資料」をもとに、各学校において必要に応じて評価規準の設定例の記述を具体化したり、いくつかの設定例を参考にして設定したりするなどの工夫が必要です。
　特にA・B区分、教材等の特徴に即して行うことです。また、一連の問題解決の学習の流れの中に、次のように評価規準を設定していく方法もあります。

問題解決の学習の流れ	観点別学習状況
1　事物・現象　↓	**自然事象への関心・意欲・態度①** ・どのようなことに興味や関心をもち、より深く追究していこうとしているか。

2	学習問題	科学的な思考・表現①
↓		・学習問題に対して、どのような予想や仮説を立て、それはどのような根拠を基に考えているのか。
3	予想・仮説	・どのような方法で問題を解決しようとしているのか、その方法や見通しをもっているか。
↓		
4	観察・実験計画	観察・実験の技能①②
↓		・観察や実験を計画的に実施し、器具や機器などを目的に応じて工夫して扱っているか。
5	観察・実験	・観察や実験の過程や結果を正確に記録できているか。
		科学的な思考・表現②
6	結　果	・観察や実験で得られた結果を予想や仮説と照らし合わせて考察し表現して、問題を解決しているか。
↓		
7	考　察	自然事象についての知識・理解
↓		・学習を通して、これまでの自分の考えを深めたり、変容させたりして、実感を伴って理解しているか。
8	結　論	自然事象への関心・意欲・態度②
		・学習を通して獲得した知識や見方・考え方などを次の学習や自分の生活に生かそうとしているか。

(佐賀県教育センター「新学習指導要領における学習評価の進め方　小学校理科」より)

3．各観点の評価方法

(1)【自然事象への関心・意欲・態度】

　児童生徒が自然の事物・現象に興味・関心をもち、自ら問題を見いだし学習に主体的に取り組もうとしているかを評価するものです。

　挙手や発言の回数、授業態度や忘れ物などだけで評価するのではなく、授業の指導目標や学習活動を踏まえながら教材に対しての関心・意欲・態度も評価します。また、習得した知識・技能によって興味・関心が高まることもあるため、1つの単元全体を通して行うなど、長いスパンの中で回数多く、多面的に評価することが大切です。行動の観察、発言の内容、学習カード・ワークシートなどの振り返りの記述内容等で見取ることができます。

(2)【科学的な思考・表現】

　児童生徒が自然の事物・現象から見い出した問題に対して、どのような予想や仮説を立てそれがどのような根拠をもっているのかを考え表現し、観察・実験の結果を整理して、予想や仮説と照らし合わせて考察し表現したことを評価するものです。科学的な思考・表現の評価については、ペーパーテストのみで評価することは困難

であり、日常の授業の中で児童生徒自身に予想や仮説を記述させたり、観察や実験の結果から考察させたことを記述させたりするなどの活動を取り入れ、児童生徒の変容を客観的に評価するための記録を残すことが必要です。学習カード、ワークシートの予想・仮説の記述や考察の記述内容、発言や対話等で見取ることができます。

(3)【観察・実験の技能】

児童生徒がどのような問題意識をもち、観察・実験を行い問題解決を進めたか、観察や実験技能を身に付けることができたか、また、観察・実験の結果を適切に記録し表やグラフ等を用いて整理し表現できたかを評価するものです。

教師が提示した観察や実験の道具を適切に使用することができる、示されたところに数値を書き込むことができるといったことだけではなく、予想や仮説に基づいた観察・実験を行うことができているか、予想や仮説に関係付けられた結果として表現しているかを評価することが大切です。観察・実験中の活動の様子、学習カード、ワークシートの結果の記録等で見取ることができます。

(4)【自然事象についての知識・理解】

児童生徒が始めにもっていた自然事象に対する考えに対して、考えを深めたり変容させたりして科学的な概念として獲得できたかを評価します。観察・実験器具の名称やその扱い方、科学的な用語などを獲得できたかなどもその中に含まれます。自然事象の性質や規則性など、獲得した自然のきまりに対して、児童生徒が学習前にもっていた考えと、学習後にもった考えや感想などを比較して総合的に評価することが大切です。学習カード、ワークシートの記述、振り返りの記述、ペーパーテスト等で見取ることができます。

4. 小学校理科における学習評価事例

ここでは、国立教育政策研究所「評価規準の作成、評価方法等の工夫改善のための参考資料」より、第6学年「A 物質とエネルギー」の「(1) 燃焼の仕組み」について4つの観点、「自然事象への関心・意欲・態度」「科学的な思考・表現」「観察・実験の技能」及び「自然事象についての知識・理解」について、すべて評価した事例を紹介します。

(事例) 単元名「燃焼の仕組み」第6学年「A 物質とエネルギー」
(第3編 評価に関する事例より)
(1) 単元の目標

物の燃焼と空気の変化とを関係付けて，物の質的変化について推論する能力を

育てるとともに，それらについての理解を図り，燃焼の仕組みについての見方や考え方をもつことができるようにする。

(2) 単元の評価規準

自然事象への 関心・意欲・態度	科学的な思考・表現	観察・実験の技能	自然事象についての 知識・理解
①植物体を燃やしたときに起こる現象に興味・関心をもち、自ら物の燃焼の仕組みを調べようとしている。 ②物の燃焼の仕組みを適用し、身の回りの現象を見直そうとしている。	①物の燃焼と空気の変化を関係付けながら、物の燃焼の仕組みについて予想や仮説をもち、推論しながら追究し、表現している。 ②物の燃焼と空気の変化について、自ら行った実験の結果と予想や仮説を照らし合わせて推論し、自分の考えを表現している。	①植物体が燃える様子を調べる工夫をし、気体検知管や石灰水などを適切に使って、安全に実験をしている。 ②植物体の燃焼の様子や空気の性質を調べ、その過程や結果を記録している。	①植物体が燃えるときには、空気中の酸素が使われて二酸化炭素ができることを理解している。

(3) 指導と評価の計画（10時間）

次	時間	主な学習活動 [◇教師の支援・留意点]		評価規準・評価方法
1次 3時間	1	〔活動のきっかけ〕 ○瓶に火のついたろうそくを入れ、蓋をして燃える様子を観察する。	◇やけどやけがをしない安全な実験の方法を指導する。	
		[問題] 瓶の中でろうそくを燃やし続けるにはどうしたらよいのだろうか。		
	2	○燃やし続けるために必要なことは何かを予想する。 ○燃やし続ける方法を話し合い、実験の計画を立てる。	◇野外活動などの経験を想起させ、よく燃え続けさせるためにはどうしたらよいかを話し合わせる。 ◇燃える様子や時間等を意識して観察できるように助言する。	関心・意欲・態度① 行動観察・発言分析
	3	○入れ物の大きさや隙間の開け方を変えたときのろうそくの燃え方を調べる。 ○空気の流れを線香の煙などを使って確かめる。	◇線香の煙の動きを見やすくするために、黒い紙を後ろにおく等の工夫をする。	技能① 行動観察・記録分析
		〔見方や考え方〕 瓶の中の空気が入れ替わるようにすると、ろうそくは燃え続ける。		

第2次 5時間	4	〔活動のきっかけ〕 ○空気はどのような気体なのかについて資料等で調べる。	◇空気の組成を調べさせ、空気が混合体であることを捉えさせる。	
		[問 題] 物を燃やす働きのある気体は、何だろうか。		
	5	○空気中のどの気体に物を燃やす働きがあるのかを予想する。 ○酸素、二酸化炭素、窒素それぞれの中での燃え方を調べる。 ○ろうそく以外に、木や紙、ピーナッツなども燃やし、燃える様子や燃えた後の変化を調べる。 ○二酸化炭素・酸素を発生させる。	◇物を燃やす働きのある気体を予想し、調べる計画を立てられるように助言する。 ◇気体の捕集方法や気体発生装置の安全な使い方などを指導する。 ◇ろうそく以外の植物体も燃やし、その変化を観察させ、燃えた後に炭や灰になることを確認させる。	思考・技能① 記述分析 技能② 行動観察・記録分析
		〔見方や考え方〕 物を燃やす働きがある気体は、酸素である。		
		[問 題] 物が燃えた後の空気では、気体の割合がどのように変化するのだろうか。		
	6 7 8	○ろうそくを燃やす前や燃やした後の瓶の中の空気の変化を予想する。 ○ろうそくを燃やす前や燃やした後の瓶の中の空気の性質を調べる。 ○石灰水・気体検知管の使い方を知り、それらを使って空気の性質を確かめる。 ○モデル図などを利用して、燃やす前と燃やした後の空気の変化を考え、表現する。 ○まとめをする。	◇燃やす前と燃やした後の瓶の中の空気の違いを、量として確認できるワークシートに記入させる。 ◇石灰水や気体採取器の安全な扱い方を指導する。 ◇気体検知管を使った実験結果から、モデル図などを利用して自分の考えを表現させる。 ◇燃えた後の気体の割合の変化から、ろうそくの消えた理由をワークシートに記述させ説明させる。	技能① 行動観察 思考・表現② 記述分析 知識・理解① 記述分析
		〔見方や考え方〕 物が燃えるときには、空気中の酸素が使われ二酸化炭素ができる。		

第3次 2時間	9	〔活動のきっかけ〕 ○酸素50%、二酸化炭素50%の気体の中では、ろうそくはどのように燃えるかという問いかけについて考える。	◇窒素と二酸化炭素の中では、ろうそくがまったく燃えないことを想起させ、酸素の量が空気と比べ増えていることに着目させる。	
		[問　題] 酸素50%、二酸化炭素50%の気体の中では、ろうそくはどのように燃えるだろうか？		
	10	○燃え方について予想する。 ○瓶の中に酸素と二酸化炭素を半分ずつ入れた中に、火のついたろうそくを入れて燃え方を調べる。	◇「酸素20％、窒素80％」の空気と「酸素50％、二酸化炭素50％」の気体とを比較して予想を立てさせる。	関心・意欲・態度② 発言分析・記述分析
		○空気中よりも、明るく長く燃えることを確認する。 ○燃え方と気体の割合について考えをまとめ、日常生活での燃焼に関する現象を事例として説明する。	◇空気の入った瓶と問いかけた瓶とで、同時に実験し比較させる。 ◇実験結果を加味し、日常生活における現象を例にしながら、物が燃えるしくみについて説明させる。	思考・表現② 記述分析
		〔見方や考え方〕 物の燃え方には、酸素の割合が関係している。		

第15章
特別活動における学習評価の進め方

1. 小学校特別活動の目標、評価の観点及びその趣旨

(1) 目標

　望ましい集団活動を通して、心身の調和のとれた発達と個性の伸長を図り、集団の一員としてよりよい生活や人間関係を築こうとする自主的、実践的な態度を育てるとともに、自己の生き方についての考えを深め、自己を生かす能力を養う。
(小学校学習指導要領　特別活動の目標より)

(2) 評価の観点及びその趣旨

　学習指導要領を踏まえ、特別活動の特性に応じた評価の観点及びその趣旨は以下のとおりです。

集団活動や生活への関心・意欲・態度	集団の一員としての思考・判断・実践	集団活動や生活についての知識・理解
学級や学校の集団や自己の生活に関心をもち、望ましい人間関係を築きながら、積極的に集団活動や自己の生活の充実と向上に取り組もうとする。	集団の一員としての役割を自覚し、望ましい人間関係を築きながら、集団活動や自己の生活の充実と向上について考え、判断し、自己を生かして実践している。	集団活動の意義、よりよい生活を築くために集団として意見をまとめる話合い活動の仕方、自己の健全な生活の在り方などについて理解している。

(第2編　評価規準に盛り込む事項等より)

(3) 内容のまとまり

　特別活動においては、学習指導要領の内容の〔学級活動〕(1)、(2)、〔児童会

活動〕、〔クラブ活動〕、〔学校行事〕(1)、(2)、(3)、(4)、(5) を内容のまとまりとしています。

2. 評価の観点の設定

　各学校で評価の観点を設定するときには、特別活動全体に係る観点と趣旨を明確に示すことが必要です。また、国立教育政策研究所「評価規準の作成、評価方法等の工夫改善のための参考資料」に例示された3観点を参考に3つ程度の観点を作成し、各学校で具体的な観点を設定することが求められています。そのためには、各学校の児童生徒の実態や身に付けさせたい力を検討し、必要なものを設定することが大切なことになります。

<例示された評価の観点に学校としての観点を設定した例>

観点	集団や自他の生活向上への関心・意欲・態度	よりよい生活や人間関係を築く力	学級会や健全な生活の仕方についての知識・理解・技能
趣旨	学級や学校の集団生活や自分や他社の生活を向上させることに関心をもち、そのために積極的に活動を取り組もうとする。	多様な他社とかかわり、望ましい人間関係を築くともに、自己のよさを発揮しながら、集団（社会）に寄与するなどして、協力してよりよい生活を築こうとする。	学級会の役割・進め方や健全な生活の仕方などについて理解し、その技能を身に付けている。
学校として変更した点	〈観点の一部を具体化〉「生活」を自他の向上と具体的に表した。〈観点の要素を削除〉関心・意欲に絞って評価をしていくこととする考え。	〈観点を変更〉特別活動の目標から「よりよい生活や人間関係」に焦点化した。	〈観点の一部を具体化〉「学級会」という言葉を入れ、具体的に表した。〈観点の一部を具現化〉知識・理解だけでなく、技術を身に付けるところまでを求めるため「技能」を追加した。

（佐賀県教育センター「新学習指導要領における学習評価の進め方　小学校特別活動」より）

3. 各観点の評価方法

(1)【集団や生活への関心・意欲・態度】

　学校や学級の様々な活動・学校行事に興味・関心をもち、積極的に取り組もうとする意欲や態度を身に付けているかどうかといった活動状況を評価します。その際、挙手や発言の回数、授業態度だけで見るのではなく、その活動のねらいを踏まえて、活動内容に対しての関心・意欲・態度を評価することです。

　行動の観察、発言内容、学級会ノートやふり返りカードの記述内容、チェックカード、質問紙等で見取ることができます。

(2) 【集団の一員としての思考・判断・実践】
　望ましい人間関係を築いたり、集団の一員としての役割を自覚したりするために「考える」、「判断する」、「言動に表す」などの児童生徒の姿を評価します。特別活動では特にこの「考える」、「判断する」、「言動に表す」が一体的に行われる場合が多くみられるというこを認識しておくことです。
　関心・意欲・態度のように、行動の観察、発言内容、学級会ノートやふり返りカードの記述内、チェックカード等で見取ることができます。
(3) 【集団活動や生活についての知識・理解】
　集団活動の意義や話し合いの仕方、自己の健全な生活の在り方等を理解しているかということを評価します。学級活動では、話し合いの仕方を学期末に質問紙などによって評価するなど、長期的な観察を継続することによって見取ることが必要となります。行動の観察、質問紙、チェックカード等による見取りが一般的です。
　特に学校行事は、「儀式的行事」「文化的行事」「健康安全・体育的行事」「遠足・集団宿泊的行事」「勤労生産・奉仕的行事」の5種類があります。それぞれに評価規準を設定して、その規準に基づいて評価を行うことです。一人の学級担任が全ての児童生徒の活動の状況を直接見取ることは困難なため、担任以外の教師が評価しなければならないことが多々あります。そこで、学校としてどの学校行事にも共通して活用できる評価カードを作成するなどの工夫が必要です。
　言語活動の充実を図るという観点から考えると、児童生徒が活動を振り返ってまとめたカードや感想文、発表内容など、児童生徒が書いた文章や表現からの読み取りを評価の参考にすることがよいといえます。日常の学校行事の活動への取り組みの様子なども踏まえて、積極的に児童生徒のよさや可能性を見取ることが求められます。

4. 内容のまとまりごとに評価に盛り込むべき事項

　各学校において定めた評価の観点に沿って学級活動(1)、(2)の低・中・高学年別、児童会活動、クラブ活動、の各活動と学校行事の評価規準を作成します。
　事例として学級活動について国立教育政策研究所「評価規準の作成、評価方法等の工夫改善のための参考資料」に示されているものを紹介します。

(内容のまとまりごとの評価規準に盛り込む事項より)

【学級活動（1）「学級や学校の生活づくり」の評価規準に盛り込むべき事項】

	集団活動や生活への関心・意欲・態度	集団の一員としての思考・判断・実践	集団活動や生活についての知識・理解
第1・2学年	学級の身の回りの問題に関心をもち、他の児童と協力して進んで集団活動に取り組もうとしている。	学級生活を楽しくするための話し合い、自己の役割や集団としてのよりよい方法などについて考え判断し、仲良く助け合って実践している。	みんなで学級生活を楽しくすることの大切さや、学級集団としての意見をまとめる話合い活動の基本的な進め方などについて理解している。
第3・4学年	学級の生活上の問題に関心をもち、他の児童と協力して意欲的に集団活動に取り組もうとしている。	楽しい学級生活をつくるために話し合い、自己の役割や集団としてのよりよい方法などについて考え、判断し、協力し合って実践している。	みんなで楽しい学級生活をつくることの大切さや、学級集団としての意見をまとめる話合い活動の計画的な進め方などについて理解している。
第5・6学年	学級や学校の生活の充実と向上にかかわる問題に関心をもち、他の児童と協力して自主的に集団活動に取り組もうとしている。	楽しく豊かな学級や学校の生活をつくるために話し合い、自己の役割や責任、集団としてのよりよい方法などについて考え、判断し、信頼し支え合って実践している。	みんなで楽しく豊かな学級や学校の生活をつくることの意義や、学級集団としての意見をまとめる話合い活動の効率的な進め方などについて理解している。

【学級活動（2）「日常の生活や学習への適応及び健康安全」の評価規準に盛り込むべき事項】

	集団活動や生活への関心・意欲・態度	集団の一員としての思考・判断・実践	集団活動や生活についての知識・理解
第1・2学年	自己の身の回りの問題に関心をもち、進んで日常の生活や学習に取り組もうとしている	学級生活を楽しくするために日常の生活や学習の課題について話し合い、自分に合ったよりよい解決方法などについて考え、判断し、実践している。	学級生活を楽しくすることの大切さ、そのための基本的な生活や学習の仕方などについて理解している。
第3・4学年	自己の生活上の問題に関心をもち、意欲的に日常の生活や学習に取り組もうとしている。	楽しい学級生活をつくるために、日常の生活や学習の課題について話し合い、自分に合ったよりよい解決方法などについて考え、判断し、実践している。	楽しい学級生活をつくることの大切さ、そのためのよりよい生活や学習の仕方などについて理解している。
第5・6学年	自己の生活の充実と向上にかかわる問題に関心をもち、自主的に日常の生活や学習に取り組もうとしている。	楽しく豊かな学級や学校の生活をつくるために、日常の生活や学習の課題について話し合い、自分に合ったよりよい解決方法などについて考え、判断し、実践している。	楽しく豊かな学級や学校の生活をつくることの大切さ、そのための健全な生活や自主的な学習の仕方などについて理解している。

上記の事例では、各学年の発達段階を考慮して評価規準を作成するために児童生徒の発達段階を考慮して、例えば【学級活動（1）「学級や学校の生活づくり」の評価規準に盛り込むべき事項】の「集団の一員としての思考・判断・実践」では、「仲良く助け合って実践している。」（第1・2学年）、「協力し合って実践している。」（第3・4学年）、「信頼し支え合って実践している。」（第5・6学年）のようにしています。

5. 評価を行う上で気を付けること
（1）評価は、学級活動、児童会活動、クラブ活動、学校行事のそれぞれの内容において行います。
（2）社会性などの豊かな人間性の育成を目指す特別活動においては、個性の伸長を図る必要があります。そのため評価は、教科と違い「十分満足できる」の幅が広く、「十分満足できる」、「十分満足できない」の2段階で評価します。
（3）活動の結果だけでなく、活動の過程における児童の努力や意欲などを積極的に認め、児童生徒のよい点や進歩の状況がわかるようにして指導の改善に生かすようにします。
（4）毎時間、全ての観点を評価する必要はありません。それよりも、児童と関わる時間を多く確保することです。
（5）特別活動は学級担任が指導にあたる場合だけでなく、学級担任以外の教師が指導に当たることもあります。直接的に児童と関わった教師が評価することにより、多面的な評価ができます。そのためには、指導体制を確立することが大切です。
（6）指導要録や家庭への連絡簿としての通知表などでは、評価の観点に合わせて、十分に満足できる活動状況の場合には〇などを付けます。教科などのようにABCの3段階での評価は行わないことが多いように思われます。

第 16 章
指導要録と通知表

　学校には児童生徒の成績を書き込む基本的な帳簿として、指導要録と通知表があります。指導要録は、公簿であって、教育委員会が定める公的な記録簿です。これに対して、通知表は学校が自らの責任において作成し児童生徒の様子を保護者に知らせるためのものです。

1. 指導要録

　指導要録は、学校教育法施行規則第24条に規定されている教育評価に関する公簿です。しかし、指導要録は一般にあまり公表されておらず、その存在が知られていないものです。したがって、学校でも学年末に記入する以外は、校長室の保管庫に収められている事務文書のひとつとみなされており、教員にも注目を浴びていないものといってもよいと思います。唯一、指導要録の改訂がなされるときなどに、注目されるぐらいと考えられます。

(1) 指導要録の性格

　指導要録は、児童生徒の学籍並びに指導の過程及び結果の要約を記録し、その後の指導及び外部に対する証明等に役立たせるための原簿です。

　初めは学籍簿といわれ、成績を含まない学校戸籍簿という性格だけでしたが、その後、学業成績、身体、家庭環境などが記載されるようになり、児童生徒の教育のための資料、すなわち原簿としての性格が加わり指導要録という名称になりまし

た。1955年の改訂の際には、対外的な証明のための原簿としての性格も加わり、指導要録は指導のための資料と証明のための公簿という2つの性格をあわせもつことになりました。

(2) 指導要録の沿革

　指導要録と呼ぶようになったのは昭和24年のことです。それ以前は学籍簿と呼ばれていました。学籍に関する記録は、明治14年文部省通達「学事表簿様式制定ノ事」において、必ず学校に備えるべきものとして記入様式が示されました。

　その後、明治33年に制定された小学校令施行規則の中で、学籍の記録だけでなく学業成績や身体の状況について記入するとされ、学籍簿のひな型が示されました。明治40年と大正11年に形式上の小さな改正があり、昭和13年に抜本的改正が行われ、学籍簿に性行概評が加わり、学業成績は10点法となり、素行は優・良・可の三段階で評価することになりました。

　昭和13年の改正では、「身体の状況及びその所見欄」が設けられ、児童の個性尊重、職業指導や適性指導にも留意して記入されるようになりました。内容としては、教科概評、性行概評、家庭環境等、日常の観察による心身発達の状況及びその原因についての特記が記されました。これにより、心身発達の状況を総合的にとらえ記録するということが行われるようになりました。

　昭和16年には国民学校令施行規則の中に定められ、教科の評定法が優・良・可の区分になりました。優のうち著しく秀でた者には秀、良のうち優に近い者には良上、可に近い者には良下の評語を与えられるようになりました。

　昭和23年には学籍簿の新たな様式が示され、また、昭和24年には学籍簿の名称が「指導要録」に変更されました。中学校・高等学校の指導要録も、この時期に合わせて示されました。

　変更の趣旨は、広く様々な角度から児童生徒を分析的に観察、記録し、指導に生かす資料とすることにねらいがありました。身体の記録、行動の記録、学習の記録の項目について観点が多くなり、標準検査の記録も記入事項となりました。それによって内容事項が多くなり、証明のための原簿としては煩雑なものになったといわれました。教師にとって負担になるという指摘もありました。小学校用、中学校・高等学校用との2種類があり、内容面ではアメリカからの輸入であるということから、7年後の昭和30年に再び改正が行われました。

　昭和30年の改正では、指導及び外部に対する証明等に役立つ原簿としての性格が強くなりました。中学校用と高等学校用を別々のものにするとともに、小学校用と中学校用との間にも一貫性をもたせるようにしました。この改正によって、指導

要録の様式、記載方法が簡素化され、指導に直接生かせる資料という面の性格より、就職や進学の際の証明のための原簿、公簿としての性格が強くなりました。

　次の昭和36年の改正では、昭和30年の改正における基本的性格をそのまま引き継ぎ、小学校・中学校・高等学校の教育課程の改訂にあわせて、指導要録の様式等も必要な改正が行われました。

　この改正以降は、学習指導要領が改訂されるたびに、教育の改善内容に応じて指導要録の様式等も改正されるようになりました。

　したがって平成3年の改正は、平成元年に告示された学習指導要領に対応するものであり、その特色は、「学籍に関する記録」と「指導に関する記録」とを別葉にしたことにあります。

　指導に関する記録の保存期間を5年にし、また、進学の際の送付書類を「抄本」又は「写し」と明記しました。さらに、各教科の評価についても観点別学習状況の評価を目標に準拠した評価とし、この評価方法を基本としつつも評定については、集団に準拠した評価と所見を併用することとしました。あわせて、低学年の評定を廃止し、中学校の選択教科の評定を3段階の絶対評価にしたことなどが主な改正内容です。所見については、書き方として児童生徒の長所を取り上げ、その内容を記入するということを基本的な方法としました。

　平成13年の改正では、総合的な学習の時間に関する評価欄を設定するなど、所見欄を統合して、「総合所見及び 指導上参考となる諸事項」の欄を設けました。評価方法としては、平成10年に改訂された学習指導要領のねらいに沿い、集団に準拠した評価を目標に準拠した評価に改めました。これによって、個人内評価を一層重視する評価方法となり、評価の在り方について改善が図られました。

　平成22年には、平成20年3月に告示された学習指導要領に対応するように改正されました。様式は従前のものと変わりありませんが、小学校では「外国語活動」の欄が設けられたことと、小学校・中学校共通で「特別活動」に観点を記入する欄が設定されたことが、目立つ改正点です。これらは、目標に準拠した評価をさらに深化させ、学校教育法に示されている「学力の3つの要素」である「基礎的・基本的な知識・理解の重視」、「思考力・判断力・表現力の重視」、「主体的に学習に取り組む姿勢の重視」を各観点へ反映させることをねらいとしたとも考えられます。学校や設置者である教育委員会が学習評価に創意工夫を加えることを大切にするとともに、効果的・効率的な学習評価の推進が望まれるということです。

(3) 指導要録の沿革を受けた改正の考察

　指導要録の沿革の中で、どのように指導要録が改正されてきたかをみてきました

が、ここでその時々の改正点について、指導要録はどうあるべきかという議論の中で指摘されてきた「客観性」、「統一性」、「簡素化」という3つの条件から改正の考察を行います。

① 客観性の根拠であった相対評価の見直し

はじめは、客観性の根拠であった「相対評価の見直し」がどのようにして行われたかということについてです。

1969年（昭和44年）、マスコミで大きく「通信簿論争」が繰り広げられました。わが子の通信簿に不満をもっていた親が、「学級の中であらかじめ（5）が何人、（4）が何人、（3）が何人などと決められているのは不合理だ」と投書したことが発端でした。保護者によって、通信簿の成績づけの原理である「相対評価」の問題性が指摘されたということです。このような社会の動きを反映してか、1971年（昭和46年）指導要録の「評定」欄において「5段階で機械的に配分することがないように」と明記されることとなりました。この動きがきっかけとなり、1980年（昭和55年）には、「絶対評価を加味した相対評価とする」というように評定の仕方が変わり、1991年（平成3年）に低学年における「評定」欄が廃止されました。また、中学年と高学年の評定は「3段階相対評価」で評定することとなりました。さらに、2001年（平成13年）には、「評定」欄も「目標に準拠した評価」を採用するということになり、相対評価の見直しが図られました。

当時の教育課程審議会答申で「集団に準拠した評価（いわゆる相対評価）は、集団の中での相対的な位置付けによって児童生徒の学習の状況を評価するものであることから、学習指導要領に示す基礎的・基本的な内容を確実に習得し、目標を実現しているかどうかの状況や、一人一人の児童生徒のよい点や可能性、進歩の状況について直接把握することには適していない」（教育課程審議会答申「児童生徒の学習と教育課程の実施状況の評価の在り方について」2000年（平成12年））と指摘され、「目標に準拠した評価」と「個人内評価」を重視することが明言されています。2010年（平成22年）の改訂指導要録もこの立場を維持しました。

このように相対評価の後退とともに出てきたのが「観点別学習状況」欄です。

1980年（昭和55年）に登場した「観点別学習状況」欄は、「絶対評価」を行うということでした。このころ「絶対評価」は、評価するものの主観的な判断により行われる「認定評価」であるか、「目標に準拠した評価」であるか、その解釈が定まらず議論のあるところでした。そのころの指導要録改訂の責任者は、観点別評価については、個人内評価という用語が適切であるというような見解を述べています。その理由は、評定欄に相対評価が存続するかぎりは、それとの整合性を保つ

ことが必要であり、相対評価と個人内評価を合わせて行うためにという意味でした。2001年（平成13年）から評定欄が「目標に準拠した評価」となったことは、再び評定欄と観点別学習状況欄との関係が議論されることになったと考えてよいと思います。

② 指導要録の統一性

次は、指導要録の統一性についての考察です。

1980年（昭和55年）、指導要録の様式等の定めを、各地区教育委員会が主体的に工夫して行うことになりました。これは、2001年（平成13年）「指導要録の様式について、本審議会として参考様式例を示すが、各教育委員会等においては、これを参考として、地域の実情等に応じて工夫し、所管の学校の指導要録の様式を定めることが大切である」（教育課程審議会答申、2000年（平成12年））と答申されたからです。

1991年（平成3年）に、児童生徒の個人情報保護のために「学籍に関する記録」と「指導に関する記録」を別の様式として、「指導に関する記録」の保存期間を5年にするということが提案されました。2001年（平成13年）には、「個人情報保護基本法制」により指導要録の「開示請求」に対応することも必要であることが指摘されました。これは、指導要録が公簿であることによる統一性を、指導要録を秘密文書化せず、常に公開された議論の中で改善等が行われるべきものとすることに、求めようとしたものです。この問題は、児童生徒の個人の権利を保護するという立場に立つと、今後も工夫・改善が図られていかなければならないことだと考えられます。

③ 指導要録の簡素化

最後に指導要録の簡素化についての考察です。

この点については、まだ多くの改善されなければならない課題が残されていると考えられます。それは、指導要録が本来の機能として活用されるためには、観点別学習状況欄の内容情報だけでは足りないのではないかと思われることです。一人一人の児童生徒の成長・発達の達成状況を、総括的に記述しているに過ぎないのでは、いかにも情報が不足しているということです。本来の指導に生かす情報を蓄積するためではなく、学校に在籍中の児童生徒個人のプロフィールを表す、証明としての機能を主とするものが中心となっているからです。記述の簡素化、教師の労力の軽減はないがしろにはできませんが、少なくとも、通知表における項目設定に関する情報が得られるような指導要録であって欲しいと考えます。

④ 諸外国の記録の事例
　ここで、諸外国の記録の事例を代表して、アメリカとイギリスの記録内容をみてみます。
　まず日本が戦後、範としたアメリカの記録をみますと、ミドルスクールの場合は「累積記録」として、次のような書類が作成されています。検査記録（特殊教育該当の児童生徒のみ）、入学登録用紙、個人情報（児童生徒氏名、性別、生年月日、保護者氏名、住所、電話番号等）、健康カード、母語調査、テスト結果記録票、学習成績票、小学校学籍抄本、裁判所命令書、保護者・法律家からの関連書類、州学力テスト結果票、その他の必要情報（特殊学級に在学しない生徒の心理学的テスト結果等）、特殊学級記録のようにアメリカとして必要であると考えられるものがあります。指導に役立てようとする意図がよくわかる記録です。
　またイギリスでは、ポートフォリオを活用したファイルに、成績表だけでなく様々な活動の記録を収め、それ自体が資格証明の機能を果たすものを作成しています。
　要するにアメリカやイギリスでは、児童生徒の多面的な情報を累積することによって、指導に役立てようとしている意図が明確になっているということがいえます。
　このような情報の累積は、指導上の偏見を生むのではないかという危惧が生まれる可能性もあります。このようなときに問題となることは、その情報の質です。そして、どのような評価観に基づく情報なのかという、活用する教師の教育観が問われるということです。
　しかしこれによって、多面的な情報を累積することが否定されることにはなりません。情報の累積を否定するということは、教育の公共性を否定することに繋がるからです。そして、このような考え方の上に、指導の継続性を維持するための指導要録はどうあるべきかという視点で、児童生徒の発達と学力を保障する指導要録のあり方を考えていくことが、今後の指導要録の改善に役立つと思われます。
(4) 現行指導要録における改善内容のポイント
　ここで、現行の指導要録について、その趣旨を受けた記載事項にかかわる改善内容のポイントについてみてみます。
① 各教科の学習の記録欄
・観点別学習状況について
　学習指導要領及び特別支援学校小学部・中学部学習指導要領に示す各教科の目標に照らして、達成状況を観点ごとに評価し記入すること、またその内容を設置者は、学習指導要領等を踏まえ設定すること、及び、各学校において観点を追加して記入できるように様式を定めました。

・評定について
　小学校第3学年以上の各教科の学習の状況については、学習指導要領等に示す各教科の目標に照らして、その達成状況を総括的に評価し記入すること、そして、評定も各教科の学習の状況を総括的に評価するものであり、観点別学習状況において掲げられた観点は分析的な評価を行い、その上で各教科の評定を行うものとしました。さらに各教科の評定を行う場合においては、基本的な要素となるものについて評価するものであることに留意し、評定の適切な決定方法等については各学校において定めることとしました。

② 小学校外国語活動の評価欄
　外国語活動の評価については「総合的な学習の時間」の評価と同じように、評価の観点を設定し、それに即して、文章による評価を行うこととし、その内容を言語や文化に関する体験的な理解、コミュニケーションを図ろうとする態度、外国語の音声や基本的な表現に慣れ親しむこととしています。

③ 総合的な学習の時間の評価欄
　各学校が自ら設定した目標や内容を踏まえて観点を設定し、その観点に即して文章の記述により評価を行います。

④ 特別活動の評価欄
　各学校において評価の観点を設定し、指導要録においても明示し、その内容に従って評価を行います。

⑤ 行動の記録の評価欄
　学校生活全般にわたって認められる児童生徒の行動について項目ごとにその趣旨に照らして評価します。

⑥ 総合所見及び指導上参考となる諸事項欄
　成長の状況を総合的にとらえ、各教科や外国語活動及び総合的な学習の時間に関する所見、特別活動に関する事実及び所見、進路指導に関する事項、児童生徒の特徴・特技等も記入します。

⑦ 出欠の記録欄
　特に不登校の児童生徒が適応指導教室等学校外の施設において相談・指導を受けたり、自宅でパーソナルコンピュータなどを活用し学習を行ったときなど、出席扱いにすることができます。

⑧ 指導要録記入上の留意点
・文字は、原則として常用漢字、現代仮名遣いを用います。
・楷書で正確に記入します。

・数字は、1、2、3の算用数字を用います。
・文章は口語文、文字は新字体によりますが、氏名、学校名などで旧字体が使われている場合はそのまま用います。
・学校名、所在地、校長氏名、学級担任氏名、児童生徒の現住所、保護者の現住所など、変更、併記の必要が生じるものについては、欄の上部に寄せて記入します。
・記入事項の変更は、抹消事項を2本線で消し、前の事項も読めるようにして、必要事項を記入します。その際は認印を押しません。
・誤記の訂正は、2本線で消し、訂正事項を記入し、訂正箇所に訂正者の認印を押します。
・抹消だけの場合は、抹消部分が読めるように2本線で消します。
・記入は黒インクのペンかボールペンを用います。
・学校名、現住所、校長氏名、学級担任氏名など、共通なものは、ゴム印も使えます。
・記入事項が多くて、その欄に書ききれないときは、別紙を添付します。

⑨ 開示または閲覧の留意点

　この点はこれから十分に留意しておかなければならない点であり、明確な規定を設定することが必要になると考えられます。指導要録は、本人や保護者から開示を求められると、原則、開示することになります。また、学校内における活用を推進するためには、閲覧しやすい保管・管理方法を工夫することが大切です。特に、個人情報については厳密な保護を必要とし、プライバシーが侵害されないように防御することが必要です。以下にその詳細を示します。

・開示・閲覧については、規定を作成し管理責任者を決め、閲覧簿を設けておきます。
・開示・閲覧は、責任者が規定に従って判断するのを待って、許可を得て閲覧簿に日時、目的、対象、氏名など、必要な事項を記入した上で行います。
・目的、対象として記入した範囲の外は、開示、閲覧しないことにできます。
・コピーや持ち出しについては、必ず責任者の許可を得て行います。決して他人に見せないことです。
・外部からの公開の依頼があった場合は、未成年の場合は保護者、成人の場合は本人の承認があった場合にだけ行うのが原則です。その他の場合は公表しません。
・規定を作成し慎重な公開、閲覧が望まれるところです。

(5) 現行指導要録に関する法規

　ここでは、指導要録に関する法規を確認しておきます。
　関係法規として主なものは、「学校教育法施行規則第24条」と「学校教育法施行規則第28条」の2つがあります。

「学校教育法施行規則第24条」では、「校長は、その学校に在学する児童等の指導要録（学校教育法施行規則第31条に規定する児童等の学習及び健康の状況を記録した書類の原本をいう。）を作成しなければならない。」と、校長に指導要録の作成を義務づけています。もう1つの「学校教育法施行規則第28条」では、指導要録は「学校において備えなければならない表簿」の1つであり5年間保存しなければならないことと、「学籍に関する記録」は20年間保存しなければならないことが定められています。

また、指導要録は法令に基づく公簿であり、各学校において適切に作成・保管されなければならないと、「地方教育行政の組織及び運営に関する法律」に定められています。

以上の関係法規に関しては、教員として熟知しておかなければならないことであり、各学校においては、それにのっとり適切な取り扱いを義務づけているものであることを承知しておくことです。

2. 通知表

通知表は、学校と家庭との重要な連絡簿の1つとして考え出されたものです。そこに児童生徒の成績の結果を記載することによって、保護者や児童生徒にとり重要な意味をもつものとなるのです。また、学校における学習評価の改善は、通知表の改善のための通知表づくりが出発点であるといえますし、また同時に着地点でもあるといえます。それは、学校における評価の改善のための努力が通知表づくりに表れるとともに、通知表の項目づくりが学校の児童生徒の教育評価に直結しているからです。

(1) 通知表の歴史

通知表の歴史をみることによって、それぞれの時代の社会と学校の関係や学校と家庭の関係を背景とする教育評価の変遷を知ることができます。

通知表が学校と家庭の連絡に使われるようになったのは、1891年（明治24年）の「小学校教則大綱」の「説明」にあります。その内容は、学校と家庭との連絡法を工夫するようにということです。様式や記述方法についての詳細には触れられていませんが、各地で多様な通知表が作成されていたことがわかります。そして、明治の終わりごろには今日の「通知表」に近いものが使用されるようになり、これが家庭連絡簿の始まりとなります。

明治のころの連絡簿には2つの流れがありました。その1つは、児童生徒の学校

での学業成績を知らせようとするものです。試験成績表として、試験の素点を記入したものです。これは、後に試験の成績ばかりを気にすることに対する批判により、評点や評語というものにして、親に知らされるようになりました。

　もう1つの流れは、児童生徒のしつけ・訓練・訓育の効果を高めるために、親に協力を求めるためのものでした。いわゆる生活面のことを知らせるためということが強調され、学校家庭連絡欄のスペースを広くし、学校と家庭の相互の協力関係を推進する役目を果たしていました。しかし、1890年（明治23年）教育勅語の制定とともに、児童生徒の訓育指導を通して、学校は市民の啓蒙機関としての役割が強くなり、学校と家庭の往復文書としての性格はうすれ、通知表は学校から家庭への一方的なお知らせ文書となってしまいました。

　1900年（明治33年）第三次小学校令が制定され、試験の時代から考査の時代へ世の中の風潮が変化し、進学・進級の判定は試験から児童生徒の平素の成績を考査することによって行うように定められました。この考査の結果を記述するために、全国統一の「学籍簿」の様式が決められました。これに伴い通知表もこの「学籍簿」の様式に従うこととなり、明治時代の連絡簿としての2つの流れは統一されました。これによって、今日の指導要録の様式の確立をみることとなったのです。

　1904年（明治37年）「小学校事彙」（第二版）には、名称は「通知表」、「学校家庭通信簿」、「学校家庭通信箋」、「学校家庭連絡簿」と多様ですが、様式としては「成績欄」、「出欠欄（精勤、勤惰表）」、「身体検査欄」、「学校家庭通信欄」の4項目が共通に設けられていることが示されています。ここで示された様式は、大正から昭和初期まで変わることはありませんでした。

　大正時代になると受験競争の過熱化から、競争心をあおったり点数主義の教育が親や児童生徒間に広がりました。この流れを変えようと、児童生徒の生活に根差した大正自由教育が全国各地で繰り広げられました。この中では、通知表の廃止も叫ばれていました。

　その内容は、文書で成績を通知する必要はなく、親が学校に来て教師に尋ねたり、特に教師より注意を与える時には、直接親に児童生徒の成績を知らせるようにすればよいということです。この背景には、成績を文書で知らせることによって、親や児童生徒の競争心をむやみに刺激するのではないかという考え方がありました。

　その後、1941年（昭和16年）の国民学校令に基づく「学籍簿」の改訂による通知表の考え方は、「通信簿」という呼び名で統一されるなど、学校と家庭との関係を学校が中心というように強調されることになったことです。第二次世界大戦開始時における皇国民教育での、中心的機関が国民学校であり、家庭は全面的に学

校に協力しなければならないという考え方です。これによって、「通知簿」の学校と家庭との通信欄はなくなりました。このように、「学籍簿」に準拠して「通知簿」を作成することが明確になり、ある意味で通知表に対する国の規制力が強まったといえます。本来、法定表簿ではない通知表がこのようになったことは問題であるといえます。この「学籍簿」と「通知簿」との関係は、1960年代まで続きました。これはまた、5段階相対評価が通知表に浸透していったことにも繋がることです。

1969年（昭和44年）、マスコミで報じられた通知表論争という社会の動きは、多くの教師が考えていた指導要録イコール通知表という考え方、言い換えると相対評価と通知表のあり方という課題を考え直すこととなりました。このような動きがきっかけとなり、文部省より「通信簿と指導要録は別、通信簿は学校の自由に任せている」という発言がありました。この動きは、個々の教師に通知表づくりを通して学校づくりに参加できるようになったという意識をもたせました。そして、教育評価のあり方を教師たちが、学校の中で議論することができるようになったといえます。

1970年代中ごろ、アメリカのブルーム学派の影響を受けつつ「到達度評価」が我が国に誕生しました。相対評価を基にする指導要録と通知表は別物という意識が、学校の教師には残っていましたが、通知表に到達度評価が取り入れられ、一方では相対評価離れも進んでいました。指導要録と通知表という2つの教育評価に関する文書が公認されていたといえます。また、指導要録と通知表の矛盾が学校に存在していたともいえます。

その後、再びこの矛盾解消のために指導要録に準拠した通知表が復活してきました。しかし2001年（平成13年）、指導要録の改正により相対評価がなくなり、目標に準拠した評価が採用されて、改めて通知表のあり方が問われることとなり現在に至っています。

(2) 通知表づくりのまとめ
　これまでの通知表の歴史をもとに、通知表づくりの観点をまとめてみます。
① 誰に対するメッセージであるかを明確にする
　通知表は保護者に対する児童生徒の成績通知ですが、一方、児童生徒にとっても分かりやすいものでなくては意味がないものです。したがって、最近は年度のはじめに、通知表の項目を公開するとともに、各学期末にはその達成状況についての説明を行っている学校が増えています。
② 他の連絡方法との関連のなかで通知表の役割を位置づける

学期1回の連絡が通知表というわけではないと思います。月ごとの通知表やノート形式の通知表もあってよいでしょう。また、通知表を作成しない学校があってもかまわないと考えます。
③　通知表は指導要録の様式に準拠する必要はない
　通知表は、教育実践の出発点であり、また着地点でもあります。学校独自の創意工夫を行い指導要録に縛られることなく、学校教育の達成状況がわかりやすいものが作成されることが望まれます。
④　通知表づくりは教師による学校づくりのひとつである
　通知表づくりに伴う学校の教師たちの議論は、児童生徒像を話し合う絶好のチャンス、機会であり、教育評価とは何かを考える好機です。この実践が、教師による学校づくりにつながります。
⑤　学力に関する項目は、学年・学期ごとに変わり、常に新しく更新される
　評価規準は、学校の教師の中で共通理解されなければなりません。そして、一人一人の児童生徒に目を向けた、個人内評価の観点を生かすことが必要です。また、児童生徒の自己評価の記述だけでなく、児童生徒の現状と向上のための手だても記述することが望まれます。
⑥　教師がどのように児童生徒を把握しているかを示す
　学習や学校生活の児童生徒の生き生きした姿を伝える必要があります。教科の学習と教科外活動の記録とを関連させた生きた記述を心掛けることです。
　通知表は、教師と保護者と児童生徒を対立させるものではなく、何よりも児童生徒の学習とその生きる力を励ますものであらねばなりません。そして、教師と児童生徒、保護者の話し合いを推進する共通の広場であり、情報を提供する場であってこそ、意味のある通知表になるものと考えられます。

第 17 章
学校評価

　学校評価については、2002年（平成14年）に施行された小学校設置基準において、各学校は自己評価とその結果の公表に努めることとされ、また、保護者等に対する情報提供についても積極的に行うことと規定されました。

　2007年（平成19年）には、学校教育法及び学校教育法施行規則が相次いで改正され、学校評価及び情報提供に関する総合的な規定と、学校の自己評価・学校関係者評価の実施・公表、評価結果の学校設置者への報告に関する規定が設けられました。

　さらに、2008年（平成20年）には文部科学省が「学校評価ガイドライン」を作成し、各学校が評価項目・指標等を検討する際の視点を次のように示しました。

1．各教科等の授業の状況
(1)　説明、板書、発問など、各教員の授業の実施方法
(2)　視聴覚教材や教育機器などの教材・教具の活用
(3)　体験的な学習や問題解決的な学習、児童の興味・関心を生かした自主的・自発的な学習の状況
(4)　個別指導やグループ別指導、習熟度に応じた指導、児童の興味・関心等に応じた課題学習、補充的な学習や発展的な学習などの個に応じた指導の方法等の状況

(5) ティーム・ティーチング指導などにおける教員間の協力的な指導の状況
(6) 学級内における児童の様子や、学習に適した環境に整備されているかなど、学級経営の状況
(7) コンピュータや情報通信ネットワークを効果的に活用した授業の状況
(8) 学習指導要領や各教育委員会が定める基準にのっとり、児童の発達の段階に即した指導に関する状況
(9) 授業や教材の開発に地域の人材など外部人材を活用し、よりよいものとする工夫の状況

2. 教育課程等の状況
(1) 学校の教育課程の編成・実施の考え方についての教職員間の共通理解の状況
(2) 児童の学力・体力の状況を把握し、それを踏まえた取組の状況
(3) 児童の学習について観点別学習状況の評価や評定などの状況
(4) 学校図書館の計画的利用や、読書活動の推進の取組状況
(5) 体験活動、学校行事などの管理・実施体制の状況
(6) 部活動など教育課程外の活動の管理・実施体制の状況
(7) 必要な教科等の指導体制の整備、授業時数の配当の状況
(8) 学習指導要領や各教育委員会が定める基準にのっとり、児童の発達の段階に即した指導の状況
(9) 教育課程の編成・実施の管理の状況
　（例：教育課程の実施に必要な、各教科等ごとの年間の指導計画や週案などが適切に作成されているかどうか）
(10) 児童の実態を踏まえた、個別指導やグループ別指導、習熟度に応じた指導、補充的な学習や発展的な学習など、個に応じた指導の計画状況
(11) 幼小連携、小中連携などの学校間の円滑な接続に関する工夫の状況
(12) （データ等）学力調査等の結果
(13) （データ等）運動・体力調査の結果
(14) （データ等）児童の学習についての観点別学習状況の評価・評定の結果

　文部科学省では、各学校でこれらの項目を網羅的に取り入れるのではなく、学校の重点目標を達成するために必要な項目・指標等を精選して設定することと、その際に教育課程もその重要な評価対象となり得るということを示しています。
　この例をみると、学校評価の視点を設定するに当たっては、種々の内容に対してきめ細かな目配りをしなければならいことがわかります。学校が円滑に動いている

かどうかを判断するためには、学校の環境など物理的条件、教職員の構成など人的条件からはじまり、児童生徒の出欠席など健康状況、非行などの問題行動の状況、そして学力の水準などといった学校における児童生徒の生活すべての実態を考慮することが必要です。

学校評価において考えなければならないことは、こうしたいろいろな評価の視点をどのように解釈するか、読み解くかということがポイントになります。各視点の評価をただ並べていくだけでは、よいところと改善すべきところを明らかにしただけで終わってしまいます。これでは、学校が円滑に機能しているかどうかを判断する結論を得られない可能性があります。

現在、各学校では、上記の一連の流れを受け、学校の教育活動に対し保護者・地域の人々や児童生徒からの意見をアンケート調査等により集約し、結果とそこから明らかになった課題を解決するための手立て等を公表し、自校の教育課程の改善を図るように努力しています。しかし、学校からの声には、アンケートの項目設定や集計に時間がかかり、結果分析が十分にできないことや、アンケートに書かれた要望等にどのように応えたらよいかというような、課題解決に追われるということが出ています。また、アンケートの集計と結果を公表することが、学校評価であると一般に受け止められているとも考えられます。

真に学校改善に役立つ学校評価をするためには、学校の教師が納得した教師自身の課題の認識と、その改善に取り組むことです。評価の専門家が客観性の高い評価を行い学校にその結果を伝えても、学校がそれを受け止めきれなければ、学校は改善の方向には進まないといえます。必要なことは、評価結果を学校が受け止め、改善のための校内評価システムを工夫することです。

該当の学校に直接かかわりをもたない第三者が専門的・客観的に評価することが必要だといわれています。しかし第三者評価は、自己評価や保護者等による学校関係者評価で足りない部分を補うもの、学校運営の質を高めることを目的とした評価です。

学校の自己評価を評価する学校関係者の会議で、学校は保護者のアンケート集計結果などの評価資料を配布し、その説明を行うことで会を運営している様子がみられます。そこに集まった評価関係者は、自分が学校をどうみているか、学校に何を期待しているかを述べることを行うだけです。このような会議は、評価関係者の自己の教育観の披露であり、学校の自己評価結果を評価していないともいえます。学校運営改善のための学校評価は、学校の自己評価を検証したり、学校の自己改善を促したりする方法を、評価の一連の流れの中に組織していくことであると考え

られます。
　小学校学習指導要解説総則編に各学校が行う教育課程の改善の方法の手順が、次のように示されています。
・評価の資料を取集し、検討する
・整理した問題点を検討し、原因と背景を明らかにする
・改善案をつくり、実施する
　これらを地域や学校の実態、児童生徒の心身の発達の段階に即して、各学校が創意工夫して行うことが、学校評価にとって重要なことといえます。

1 評価規準，評価方法等の工夫改善に関する調査研究について
（平成22年4月14日，国立教育政策研究所長裁定）

2 評価規準，評価方法等の工夫改善に関する調査研究協力者

3 小学校，中学校，高等学校及び特別支援学校等における児童生徒の学習評価及び指導要録の改善等について
（平成22年5月11日付け文部科学省初等中等教育局長通知）（抄）

参考資料

評価規準，評価方法等の工夫改善に関する調査研究について

平成２２年４月１４日　国立教育政策研究所長裁定
平成２３年６月　１日　一　部　改　正

1　趣　旨
　学習評価については，中央教育審議会初等中等教育分科会教育課程部会において「児童生徒の学習評価の在り方について」（平成２２年３月２４日）の報告がまとめられ，新しい学習指導要領に対応した，各教科等の評価の観点及び評価の観点に関する考え方が示されたところである。
　これを踏まえ，各小学校，中学校及び高等学校における児童生徒の学習の効果的，効率的な評価に資するため，教科等（教科並びに小学校及び中学校の特別活動）ごとに，評価規準，評価方法等の工夫改善に関する調査研究を行う。

2　調査研究事項
（１）評価規準及び当該規準を用いた評価方法に関する参考資料の作成
（２）学校における学習評価に関する取組についての情報収集
（３）上記（１）及び（２）に関連する事項

3　実施方法
　調査研究に当たっては，教科ごとに教育委員会関係者，教員及び学識経験者等を協力者として委嘱し，２の事項について調査研究を行う。

4　庶　務
　この調査研究にかかる庶務は，教育課程研究センターにおいて処理する。

5　実施期間
　平成２２年５月１日～平成２５年３月３１日

評価規準，評価方法等の工夫改善に関する調査研究協力者　小学校　国語（五十音順）
(職名は平成２２年５月現在)

大場　弥恵	山形県寒河江市教育委員会指導係長兼指導主事
小久保美子	千葉敬愛短期大学准教授
神明　照子	福岡県北九州市立祝町小学校教諭
中田　祐二	香川大学教育学部附属坂出小学校教諭
平井　佳江	神奈川県横浜市教育委員会主任指導主事
藤瀬　雅胤	佐賀県佐賀市立鍋島小学校教諭
山本　早苗	京都府京都市立錦林小学校長
吉田　裕久	広島大学大学院教授

国立教育政策研究所及び文部科学省においては，次の関係官が担当した。

水戸部修治	国立教育政策研究所教育課程研究センター研究開発部教育課程調査官

この他，本書編集の全般にわたり，国立教育政策研究所において以下の者が担当した。

神代　浩	国立教育政策研究所教育課程研究センター長	（平成２２年７月３０日から）
作花　文雄	前国立教育政策研究所教育課程研究センター長	（平成２２年７月２９日まで）
宮内　健二	国立教育政策研究所教育課程研究センター研究開発部長	（平成２３年４月１日から）
梅澤　敦	前国立教育政策研究所教育課程研究センター研究開発部長	（平成２３年３月３１日まで）
佐瀬　宣次	国立教育政策研究所教育課程研究センター研究開発部教育課程調査官	（平成２３年４月１日から）
本田　史子	前国立教育政策研究所教育課程研究センター研究開発部教育課程調査官	（平成２３年３月３１日まで）
大内　克紀	国立教育政策研究所教育課程研究センター研究開発部研究開発課長	（平成２３年４月１日から）
稲葉　敦	前国立教育政策研究所教育課程研究センター研究開発部研究開発課長	（平成２３年３月３１日まで）
大原　一仁	国立教育政策研究所教育課程研究センター研究開発部研究開発課指導係長	（平成２３年４月１日から）
	前国立教育政策研究所教育課程研究センター研究開発部研究開発課指導係専門職	（平成２３年３月３１日まで）
新堀　栄	前国立教育政策研究所教育課程研究センター研究開発部研究開発課指導係長	（平成２３年３月３１日まで）
岸本　良彦	国立教育政策研究所教育課程研究センター研究開発部研究開発課指導係専門職	（平成２３年４月１日から）

22文科初第1号
平成22年5月11日

各都道府県教育委員会
各指定都市教育委員会
各都道府県知事   殿
附属学校を置く各国立大学長
構造改革特別区域法第12条第1項の
 認定を受けた地方公共団体の長

文部科学省初等中等教育局長
　　　金　森　越　哉

（印影印刷）

小学校，中学校，高等学校及び特別支援学校等における児童生徒の
学習評価及び指導要録の改善等について（通知）（抄）

　このたび，中央教育審議会初等中等教育分科会教育課程部会において，「児童生徒の学習評価の在り方について（報告）」（平成22年3月24日）（以下「報告」という。）がとりまとめられました。
　「報告」においては，学習指導要領において示された基礎的・基本的な知識・技能，それらを活用して課題を解決するために必要な思考力・判断力・表現力等及び主体的に学習に取り組む態度の育成が確実に図られるよう，学習評価を通じて，学習指導の在り方を見直すことや個に応じた指導の充実を図ること，学校における教育活動を組織として改善すること等が重要とされています。また，保護者や児童生徒に対して，学習評価に関する仕組み等について事前に説明したり，評価結果の説明を充実したりするなどして学習評価に関する情報をより積極的に提供することも重要とされています。
　指導要録は，児童生徒の学籍並びに指導の過程及び結果の要約を記録し，その後の指導及び外部に対する証明等に役立たせるための原簿となるものであり，各学校で学習評価を計画的に進めていく上で重要な表簿です。
　文部科学省においては，「報告」を受け，各学校における学習評価が円滑に行われ

るとともに，各設置者による指導要録の様式の決定や各学校における指導要録の作成の参考となるよう，学習評価を行うに当たっての配慮事項，指導要録に記載する事項及び各学校における指導要録の作成に当たっての配慮事項等を別紙1～6のとおりとりまとめました。

ついては，下記に示す学習評価を行うに当たっての配慮事項及び指導要録に記載する事項の見直しの要点並びに別紙について十分に御了知の上，各都道府県教育委員会におかれては，所管の学校及び域内の市町村教育委員会に対し，各指定都市教育委員会におかれては，所管の学校に対し，各都道府県知事及び構造改革特別区域法第12条第1項の認定を受けた地方公共団体の長におかれては，所轄の学校及び学校法人等に対し，国立大学長におかれては，その管下の学校に対して，「報告」の趣旨も踏まえ，指導要録の様式が適切に設定され，新しい学習指導要領に対応した学習指導と学習評価が行われるよう，これらの十分な周知及び必要な指導等をお願いします。

さらに，幼稚園，特別支援学校幼稚部，保育所及び認定こども園（以下，「幼稚園等」という。）と小学校及び特別支援学校小学部との緊密な連携を図る観点から，幼稚園等においてもこの通知の趣旨の理解が図られるようお願いします。

なお，平成13年4月27日付け13文科初第193号「小学校児童指導要録，中学校生徒指導要録，高等学校生徒指導要録，中等教育学校生徒指導要録並びに盲学校，聾学校及び養護学校の小学部児童指導要録，中学部生徒指導要録及び高等部生徒指導要録の改善等について」及び平成20年12月25日付け20文科初第1081号「小学校学習指導要領等に関する移行期間中における小学校児童指導要録等の取扱いについて」のうち，小学校及び特別支援学校小学部に関する部分は平成23年3月31日をもって，中学校（中等教育学校の前期課程を含む。以下同じ。）及び特別支援学校中学部に関する部分は平成24年3月31日をもって，高等学校（中等教育学校の後期課程を含む。以下同じ。）及び特別支援学校高等部に関する部分は平成25年3月31日をもって，それぞれ廃止します。

記

1 学習評価の改善に関する基本的な考え方について
 (1) 学習評価を通じて，学習指導の在り方を見直すことや個に応じた指導の充実を図ること，学校における教育活動を組織として改善することが重要であること。その上で，新しい学習指導要領の下における学習評価の改善を図っていくためには以下の基本的な考え方に沿って学習評価を行うことが必要であること。
  ① きめの細かな指導の充実や児童生徒一人一人の学習の確実な定着を図るため，学習指導要領に示す目標に照らしてその実現状況を評価する，目標に準拠した評価を引き続き着実に実施すること。

② 新しい学習指導要領の趣旨や改善事項等を学習評価において適切に反映すること。

③ 学校や設置者の創意工夫を一層生かすこと。

(2) 学習評価における観点については，新しい学習指導要領を踏まえ，「関心・意欲・態度」，「思考・判断・表現」，「技能」及び「知識・理解」に整理し，各教科等の特性に応じて観点を示している。設置者や学校においては，これに基づく適切な観点を設定する必要があること。

(3) 高等学校における学習評価については，引き続き観点別学習状況の評価を実施し，きめの細かい学習指導と生徒一人一人の学習の確実な定着を図っていく必要があること。

(4) 障害のある児童生徒に係る学習評価の考え方は，障害のない児童生徒に対する学習評価の考え方と基本的に変わるものではないが，児童生徒の障害の状態等を十分理解しつつ，様々な方法を用いて，一人一人の学習状況を一層丁寧に把握することが必要であること。また，特別支援学校については，新しい学習指導要領により個別の指導計画の作成が義務付けられたことを踏まえ，当該計画に基づいて行われた学習の状況や学習の結果の評価を行うことが必要であること。

2 効果的・効率的な学習評価の推進について

(1) 学校や設置者においては，学習評価の妥当性，信頼性等を高めるとともに，教師の負担感の軽減を図るため，国等が示す評価に関する資料を参考にしつつ，評価規準や評価方法の一層の共有や教師の力量の向上等を図り，組織的に学習評価に取り組むことが重要であること。

(2) その際，学習評価に関する情報の適切な管理を図りつつ，情報通信技術の活用により指導要録等に係る事務の改善を検討することも重要であること。なお，法令に基づく文書である指導要録について，書面の作成，保存，送付を情報通信技術を活用して行うことは，現行の制度上も可能であること。

(3) 今後，国においても，評価規準等の評価の参考となる資料を作成することとしているが，都道府県等においても，学習評価に関する研究を進め，学習評価に関する参考となる資料を示すとともに，具体的な事例の収集・提示を行うことが重要であること。

3 小・中学校及び特別支援学校小・中学部の指導要録について

(1) 小学校及び特別支援学校小学部の外国語活動について，設置者において，学習指導要領の目標及び具体的な活動等に沿って評価の観点を設定することとし，文章の記述による評価を行うこと。

(2) 特別活動について，学習指導要領の目標及び特別活動の特質等に沿って，各学

校において評価の観点を定めることができるようにすることとし，各活動・学校行事ごとに評価すること。

4 高等学校及び特別支援学校高等部の指導要録について
　各教科・科目の評定については，観点別学習状況の評価を引き続き十分踏まえること。

〔別紙1〕小学校及び特別支援学校小学部の指導要録に記載する事項等

〔別紙2〕中学校及び特別支援学校中学部の指導要録に記載する事項等

〔別紙3〕高等学校及び特別支援学校高等部の指導要録に記載する事項等

〔別紙4〕各学校における指導要録の保存，送付等に当たっての配慮事項

〔別紙5〕各教科等・各学年等の評価の観点等及びその趣旨（小学校及び特別支援学校小学部並びに中学校及び特別支援学校中学部）

〔別紙6〕各教科の評価の観点及びその趣旨（高等学校及び特別支援学校高等部）

〔参考1〕
　文部科学省ホームページ　中央教育審議会初等中等教育分科会教育課程部会「児童生徒の学習評価の在り方について（報告）」（平成22年3月24日）
　http://www.mext.go.jp/b_menu/shingi/chukyo/chukyo3/004/gaiyou/1292163.htm

〔参考2〕
　各設置者における指導要録の様式の設定に当たっての検討に資するため，別添として指導要録の「参考様式」を示している。

別紙1

小学校及び特別支援学校小学部の指導要録に記載する事項等

Ⅰ 学籍に関する記録
　学籍に関する記録については，原則として学齢簿の記載に基づき，学年当初及び異動の生じたときに記入する。
1　児童の氏名，性別，生年月日及び現住所
2　保護者の氏名及び現住所
3　入学前の経歴
　　小学校及び特別支援学校小学部（以下，「小学校等」という。）に入学するまでの教育又は保育関係の略歴（在籍していた幼稚園，特別支援学校幼稚部，保育所又は認定こども園等の名称及び在籍期間等）を記入する。なお，外国において受けた教育の実情なども記入する。
4　入学・編入学等
　（1）入学
　　　児童が第１学年に入学した年月日を記入する。
　（2）編入学等
　　　第１学年の中途又は第２学年以上の学年に，在外教育施設や外国の学校等から編入学した場合，又は就学義務の猶予・免除の事由の消滅により就学義務が発生した場合について，その年月日，学年及び事由等を記入する。
5　転入学
　　他の小学校等から転入学してきた児童について，転入学年月日，転入学年，前に在学していた学校名，所在地及び転入学の事由等を記入する。
6　転学・退学等
　　他の小学校等に転学する場合には，転学先の学校が受け入れた日の前日に当たる年月日，転学先の学校名，所在地，転入学年及びその事由等を記入する。また，学校を去った年月日についても併記する。
　　在外教育施設や外国の学校に入るために退学する場合又は学齢（満１５歳に達した日の属する学年の終わり）を超過している児童が退学する場合は，校長が退学を認めた年月日及びその事由等を記入する。
　　なお，就学義務が猶予・免除される場合又は児童の居所が１年以上不明である場合は，在学しない者として取り扱い，在学しない者と認めた年月日及びその事由等を記入する。
7　卒業
　　校長が卒業を認定した年月日を記入する。
8　進学先
　　進学先の中学校又は特別支援学校中学部の学校名及び所在地を記入する。
9　学校名及び所在地

分校の場合は，本校名及び所在地を記入するとともに，分校名，所在地及び在学した学年を併記する。
10　校長氏名印，学級担任者氏名印
　各年度に，校長の氏名，学級担任者の氏名を記入し，それぞれ押印する。（同一年度内に校長又は学級担任者が代わった場合には，その都度後任者の氏名を併記する。）
　なお，氏名の記入及び押印については，電子署名（電子署名及び認証業務に関する法律（平成１２年法律第１０２号）第２条第１項に定義する「電子署名」をいう。）を行うことで替えることも可能である。

Ⅱ　指導に関する記録
　小学校における指導に関する記録については，以下に示す記載することが適当な事項に留意しながら，各教科の学習の記録（観点別学習状況及び評定），外国語活動の記録，総合的な学習の時間の記録，特別活動の記録，行動の記録，総合所見及び指導上参考となる諸事項並びに出欠の記録について学年ごとに作成する。
　特別支援学校（視覚障害，聴覚障害，肢体不自由又は病弱）小学部における指導に関する記録については，小学校における指導に関する記録に記載する事項に加えて，自立活動の記録について学年ごとに作成するほか，入学時の障害の状態について作成する。
　特別支援学校（知的障害）小学部における指導に関する記録については，各教科の学習の記録，特別活動の記録，自立活動の記録，行動の記録，総合所見及び指導上参考となる諸事項並びに出欠の記録について学年ごとに作成するほか，入学時の障害の状態について作成する。
　特別支援学校小学部に在籍する児童については，個別の指導計画を作成する必要があることから，指導に関する記録を作成するに当たって，個別の指導計画における指導の目標，指導内容等を踏まえた記述となるよう留意する。また，児童の障害の状態等に即して，学校教育法施行規則第１３０条の規定に基づき各教科の全部若しくは一部について合わせて授業を行った場合又は各教科，道徳，外国語活動，特別活動及び自立活動の全部若しくは一部について合わせて授業を行った場合並びに特別支援学校小学部・中学部学習指導要領（平成２１年文部科学省告示第３６号）第１章第２節第５の規定（重複障害者等に関する教育課程の取扱い）を適用した場合にあっては，その教育課程や実際の学習状況を考慮し，各教科等を合わせて記録できるようにするなど，必要に応じて様式等を工夫して，その状況を適切に記入する。
　特別支援学級に在籍する児童の指導に関する記録については，必要がある場合，特別支援学校小学部の指導要録に準じて作成する。
1　各教科の学習の記録
　小学校及び特別支援学校（視覚障害，聴覚障害，肢体不自由又は病弱）小

学部における各教科の学習の記録については，観点別学習状況及び評定について記入する。

特別支援学校（知的障害）小学部における各教科の学習の記録については，特別支援学校小学部・中学部学習指導要領に示す小学部の各教科の目標，内容に照らし，具体的に定めた指導内容，実現状況等を文章で記述する。

(1) 観点別学習状況

小学校及び特別支援学校（視覚障害，聴覚障害，肢体不自由又は病弱）小学部における観点別学習状況については，小学校学習指導要領（平成20年文部科学省告示第27号）及び特別支援学校小学部・中学部学習指導要領（以下，「小学校学習指導要領等」という。）に示す各教科の目標に照らして，その実現状況を観点ごとに評価し記入する。その際，「十分満足できる」状況と判断されるものをＡ，「おおむね満足できる」状況と判断されるものをＢ，「努力を要する」状況と判断されるものをＣのように区別して評価を記入する。

小学校及び特別支援学校（視覚障害，聴覚障害，肢体不自由又は病弱）小学部における各教科の評価の観点について，設置者は，小学校学習指導要領等を踏まえ，別紙５を参考に設定する。また，各学校において，観点を追加して記入できるようにする。

(2) 評定

小学校及び特別支援学校（視覚障害，聴覚障害，肢体不自由又は病弱）小学部における評定については，第３学年以上の各教科の学習の状況について，小学校学習指導要領等に示す各教科の目標に照らして，その実現状況を総括的に評価し記入する。

各教科の評定は，小学校学習指導要領等に示す各教科の目標に照らして，その実現状況を「十分満足できる」状況と判断されるものを３，「おおむね満足できる」状況と判断されるものを２，「努力を要する」状況と判断されるものを１のように区別して評価を記入する。

評定に当たっては，評定は各教科の学習の状況を総括的に評価するものであり，「(1) 観点別学習状況」において掲げられた観点は，分析的な評価を行うものとして，各教科の評定を行う場合において基本的な要素となるものであることに十分留意する。その際，評定の適切な決定方法等については，各学校において定める。

2 外国語活動の記録

小学校及び特別支援学校（視覚障害，聴覚障害，肢体不自由又は病弱）小学部における外国語活動の記録については，評価の観点を記入した上で，それらの観点に照らして，児童の学習状況に顕著な事項がある場合にその特徴を記入する等，児童にどのような力が身に付いたかを文章で記述する。

評価の観点については，設置者は，小学校学習指導要領等に示す外国語活動の目標を踏まえ，別紙５を参考に設定する。また，各学校において，観点

を追加して記入できるようにする。
3　総合的な学習の時間の記録
　　小学校及び特別支援学校（視覚障害，聴覚障害，肢体不自由又は病弱）小学部における総合的な学習の時間の記録については，この時間に行った学習活動及び各学校が自ら定めた評価の観点を記入した上で，それらの観点のうち，児童の学習状況に顕著な事項がある場合などにその特徴を記入する等，児童にどのような力が身に付いたかを文章で記述する。
　　評価の観点については，小学校学習指導要領等に示す総合的な学習の時間の目標を踏まえ，各学校において具体的に定めた目標，内容に基づいて定める。その際，例えば，「よりよく問題を解決する資質や能力」，「学び方やものの考え方」，「主体的，創造的，協同的に取り組む態度」及び「自己の生き方」等と学習指導要領に示す総合的な学習の時間の目標を踏まえて定めたり，「学習方法に関すること」，「自分自身に関すること」及び「他者や社会とのかかわりに関すること」等の視点に沿って各学校において育てようとする資質や能力等を踏まえて定めたりすることが考えられる。また，教科との関連を明確にし，総合的な学習の時間の学習活動にかかわる「関心・意欲・態度」，「思考・判断・表現」，「技能」及び「知識・理解」等と定めることも考えられる。
4　特別活動の記録
　　小学校及び特別支援学校（視覚障害，聴覚障害，肢体不自由又は病弱）小学部における特別活動の記録については，各学校が自ら定めた特別活動全体に係る評価の観点を記入した上で，各活動・学校行事ごとに，評価の観点に照らして十分満足できる活動の状況にあると判断される場合に，○印を記入する。
　　評価の観点については，小学校学習指導要領等に示す特別活動の目標を踏まえ，各学校において別紙5を参考に定める。その際，例えば，「集団の一員としての思考・判断・実践」にかかわる観点について，学校として重点化した内容を踏まえ，育てようとする資質や能力などに即し，より具体的に定めることも考えられる。
　　特別支援学校（知的障害）小学部における特別活動の記録については，小学校及び特別支援学校（視覚障害，聴覚障害，肢体不自由又は病弱）小学部における特別活動の記録に関する考え方を参考としながら文章で記述する。
5　自立活動の記録
　　特別支援学校小学部における自立活動の記録については，個別の指導計画を踏まえ，以下の事項等を記入する。
① 　指導の目標，指導内容，指導の結果の概要に関すること
② 　障害の状態等に変化が見られた場合，その状況に関すること
③ 　障害の状態を把握するため又は自立活動の成果を評価するために検査を行った場合，その検査結果に関すること

6 行動の記録

　小学校及び特別支援学校（視覚障害，聴覚障害，肢体不自由又は病弱）小学部における行動の記録については，各教科，道徳，外国語活動，総合的な学習の時間，特別活動やその他学校生活全体にわたって認められる児童の行動について，設置者は，小学校学習指導要領等の総則及び道徳の目標や内容，内容の取扱いで重点化を図ることとしている事項等を踏まえて示している別紙5を参考にして，項目を適切に設定する。また，各学校において，自らの教育目標に沿って項目を追加できるようにする。

　各学校における評価に当たっては，各項目の趣旨に照らして十分満足できる状況にあると判断される場合に，○印を記入する。

　特別支援学校（知的障害）小学部における行動の記録については，小学校及び特別支援学校（視覚障害，聴覚障害，肢体不自由又は病弱）小学部における行動の記録に関する考え方を参考としながら文章で記述する。

7 総合所見及び指導上参考となる諸事項

　小学校等における総合所見及び指導上参考となる諸事項については，児童の成長の状況を総合的にとらえるため，以下の事項等を文章で記述する。

① 各教科や外国語活動，総合的な学習の時間の学習に関する所見
② 特別活動に関する事実及び所見
③ 行動に関する所見
④ 児童の特徴・特技，学校内外におけるボランティア活動など社会奉仕体験活動，表彰を受けた行為や活動，学力について標準化された検査の結果等指導上参考となる諸事項
⑤ 児童の成長の状況にかかわる総合的な所見

　記入に際しては，児童の優れている点や長所，進歩の状況などを取り上げることに留意する。ただし，児童の努力を要する点などについても，その後の指導において特に配慮を要するものがあれば記入する。

　また，学級・学年など集団の中での相対的な位置付けに関する情報も，必要に応じ，記入する。

　さらに，通級による指導を受けている児童については，通級による指導を受けた学校名，通級による指導の授業時数，指導期間，指導の内容や結果等を記入する。通級による指導の対象となっていない児童生徒で，教育上特別な支援を必要とする場合については，必要に応じ，効果があったと考えられる指導方法や配慮事項を記入する。

　特別支援学校小学部においては，交流及び共同学習を実施している児童について，その相手先の学校名や学級名，実施期間，実施した内容や成果等を記入する。

8 入学時の障害の状態

　特別支援学校小学部における入学時の障害の状態について，障害の種類及び程度等を記入する。

9 出欠の記録
　以下の事項を記入する。
（1）授業日数
　　児童の属する学年について授業を実施した年間の総日数を記入する。学校保健安全法第20条の規定に基づき，臨時に，学校の全部又は学年の全部の休業を行うこととした日数は授業日数には含めない。
　　この授業日数は，原則として，同一学年のすべての児童につき同日数とすることが適当である。ただし，転学又は退学等をした児童については，転学のため学校を去った日又は退学等をした日までの授業日数を記入し，転入学又は編入学等をした児童については，転入学又は編入学等をした日以後の授業日数を記入する。
（2）出席停止・忌引等の日数
　　以下の日数を合算して記入する。
　① 学校教育法第35条による出席停止日数，学校保健安全法第19条による出席停止日数及び感染症の予防及び感染症の患者に対する医療に関する法律第19条，第20条，第26条及び第46条による入院の場合の日数
　② 学校保健安全法第20条により，臨時に学年の中の一部の休業を行った場合の日数
　③ 忌引日数
　④ 非常変災等児童又は保護者の責任に帰すことのできない事由で欠席した場合などで，校長が出席しなくてもよいと認めた日数
　⑤ その他教育上特に必要な場合で，校長が出席しなくてもよいと認めた日数
（3）出席しなければならない日数
　　授業日数から出席停止・忌引等の日数を差し引いた日数を記入する。
（4）欠席日数
　　出席しなければならない日数のうち病気又はその他の事故で児童が欠席した日数を記入する。
（5）出席日数
　　出席しなければならない日数から欠席日数を差し引いた日数を記入する。
　　なお，学校の教育活動の一環として児童が運動や文化などにかかわる行事等に参加したものと校長が認める場合には，指導要録の出欠の記録においては出席扱いとすることができる。
　　また，平成15年5月16日付け15文科初第255号「不登校への対応の在り方について」や平成17年7月6日付け17文科初第437号「不登校児童生徒が自宅においてIT等を活用した学習活動を行った場合の指導要録上の出欠の取扱い等について」に沿って，不登校の児童が適応指導教室等学校外の施設において相談・指導を受け，又は自宅においてI

IT等を活用した学習活動を行ったとき，そのことが当該児童の学校復帰のために適切であると校長が認める場合には，指導要録の出欠の記録においては出席扱いとすることができる。この場合には，出席日数の内数として出席扱いとした日数並びに児童が通所若しくは入所した学校外の施設名又は自宅においてIT等を活用した学習活動によることを記入する。
(6) 備考
　出席停止・忌引等の日数に関する特記事項，欠席理由の主なもの，遅刻，早退等の状況その他の出欠に関する特記事項等を記入する。

別紙4

各学校における指導要録の保存，送付等に当たっての配慮事項

1　児童生徒が転学する場合は，学校教育法施行規則第24条第2項に基づいて進学元の校長等から送付を受けた指導要録の抄本又は写しを，同条第3項の規定により転学先の校長へ送付することとされており，この場合において，進学元（小学校にあっては，保育所及び認定こども園を含む。）から送付を受けた指導要録の抄本又は写しについては，進学してきた児童生徒が在学する期間保存すること。

2　配偶者からの暴力の被害者と同居する児童生徒については，転学した児童生徒の指導要録の記述を通じて転学先の学校名や所在地等の情報が配偶者（加害者）に伝わることが懸念される場合がある。
　このような特別の事情がある場合には，平成21年7月13日付け21生参学第7号「配偶者からの暴力の被害者の子どもの就学について」に沿って，配偶者からの暴力の被害者と同居する児童生徒の転学先や居住地等の情報については，各地方公共団体の個人情報保護条例等に則り，配偶者暴力相談支援センターや福祉部局等との連携を図りながら，厳重に管理すること。

参考資料

別紙5

各教科等・各学年等の評価の観点等及びその趣旨

1．各教科の学習の記録

国　語

（1）評価の観点及びその趣旨

＜小学校　国語＞

観点	国語への関心・意欲・態度	話す・聞く能力	書く能力	読む能力	言語についての知識・理解・技能
趣旨	国語で伝え合う力を進んで高めるとともに，国語に対する関心を深め，国語を尊重しようとする。	相手や目的，意図に応じ，話したり聞いたり話し合ったりし，自分の考えを明確にしている。	相手や目的，意図に応じ，文章を書き，自分の考えを明確にしている。	目的に応じ，内容をとらえながら本や文章を読み，自分の考えを明確にしている。	伝統的な言語文化に触れたり，言葉の特徴やきまり，文字の使い方などについて理解し使ったりするとともに，文字を正しく整えて書いている。

（2）学年別の評価の観点の趣旨

＜小学校　国語＞

観点＼学年	国語への関心・意欲・態度	話す・聞く能力	書く能力	読む能力	言語についての知識・理解・技能
第1学年及び第2学年	国語で伝え合う力を進んで高めるとともに，国語に対する関心を深め，進んで話したり聞いたり書いたり，楽しんで読書したりしようとする。	相手に応じ，身近なことなどについて，事柄の順序を考えながら話したり，大事なことを落とさないように聞いたり，話題に沿って話し合ったりしている。	経験したことや想像したことなどについて，順序を整理し，簡単な構成を考えて文や文章を書いている。	書かれている事柄の順序や場面の様子などに気付いたり，想像を広げたりして本や文章を読んでいる。	伝統的な言語文化に触れたり，言葉の特徴やきまり，文字の使い方などについて理解し使ったりするとともに，文字を正しく丁寧に書いている。
第3学年及び第4学年	国語で伝え合う力を進んで高めるとともに，国語に対する関心を深め，工夫をしながら話したり聞いたり書いたり，幅広く読書したりしようとする。	相手や目的に応じ，調べたことなどについて，筋道を立てて話したり，話の中心に気を付けて聞いたり，進行に沿って話し合ったりしている。	相手や目的に応じ，調べたことなどが伝わるように，段落相互の関係などに注意して文章を書いている。	目的に応じ，内容の中心をとらえたり段落相互の関係を考えたりしながら本や文章を読んでいる。	伝統的な言語文化に触れたり，言葉の特徴やきまり，文字の使い方などについて理解し使ったりするとともに，文字を形や大きさ，配列，筆圧などに注意して書いている。
第5学年及び第6学年	国語で伝え合う力を進んで高めるとともに，国語に対する関心を深め，適切に話したり聞いたり書いたり，読書を通して考えを広げたり深めたりしようとする。	目的や意図に応じ，考えたことや伝えたいことなどについて，的確に話したり，相手の意図をつかみながら聞いたり，計画的に話し合ったりしている。	目的や意図に応じ，考えたことなどを文章全体の構成の効果を考えて文章に書いている。	目的に応じ，内容や要旨をとらえながら本や文章を読んでいる。	伝統的な言語文化に触れたり，言葉の特徴やきまり，文字の使い方などについて理解し使ったりするとともに，文字を書く目的や用紙全体との関係，点画のつながりなどに注意して書いている。

社会

(1) 評価の観点及びその趣旨

＜小学校　社会＞

観点	社会的事象への関心・意欲・態度	社会的な思考・判断・表現	観察・資料活用の技能	社会的事象についての知識・理解
趣旨	社会的事象に関心をもち，それを意欲的に調べ，社会の一員として自覚をもってよりよい社会を考えようとする。	社会的事象から学習問題を見いだして追究し，社会的事象の意味について思考・判断したことを適切に表現している。	社会的事象を的確に観察，調査したり，各種の資料を効果的に活用したりして，必要な情報をまとめている。	社会的事象の様子や働き，特色及び相互の関連を具体的に理解している。

(2) 学年別の評価の観点の趣旨

＜小学校　社会＞

観点＼学年	社会的事象への関心・意欲・態度	社会的な思考・判断・表現	観察・資料活用の技能	社会的事象についての知識・理解
第3学年及び第4学年	地域における社会的事象に関心をもち，それを意欲的に調べ，地域社会の一員としての自覚をもつとともに，地域社会に対する誇りと愛情をもとうとする。	地域における社会的事象から学習問題を見いだして追究し，地域社会の社会的事象の特色や相互の関連などについて思考・判断したことを適切に表現している。	地域における社会的事象を的確に観察，調査したり，地図や各種の具体的資料を活用したりして，必要な情報を集めて読み取ったりまとめたりしている。	地域の産業や消費生活の様子，人々の健康な生活や良好な生活環境及び安全を守るための諸活動，地域の地理的環境，人々の生活の変化や地域の発展に尽くした先人の働きを理解している。
第5学年	我が国の国土と産業の様子に関する社会的事象に関心をもち，それを意欲的に調べ，国土の環境の保全と自然災害の防止の重要性，産業の発展や社会の情報化の進展に関心を深めるとともに，国土に対する愛情をもとうとする。	我が国の国土と産業の様子に関する社会的事象から学習問題を見いだして追究し，社会的事象の意味について思考・判断したことを適切に表現している。	我が国の国土と産業の様子に関する社会的事象を的確に調査したり，地図や地球儀，統計などの各種の基礎的資料を活用したりして，必要な情報を集めて読み取ったりまとめたりしている。	我が国の国土と産業の様子，国土の環境や産業と国民生活との関連を理解している。
第6学年	我が国の歴史と政治及び国際社会における我が国の役割に関心をもち，それを意欲的に調べ，我が国の歴史や伝統を大切にし国を愛する心情をもつとともに，平和を願う日本人として世界の国々の人々と共に生きていくことが大切であることの自覚をもとうとする。	我が国の歴史と政治及び国際理解に関する社会的事象から学習問題を見いだして追究し，社会的事象の意味についてより広い視野から思考・判断したことを適切に表現している。	我が国の歴史と政治及び国際理解に関する社会的事象を的確に調査したり，年表などの各種の基礎的資料を活用したりして，必要な情報を集めて読み取ったりまとめたりしている。	国家・社会の発展に大きな働きをした先人の業績や優れた文化遺産，日常生活における政治の働きと我が国の政治の考え方及び我が国と関係の深い国の生活や国際社会における我が国の役割を理解している。

参考資料

算 数

(1) 評価の観点及びその趣旨

<小学校　算数>

観点	算数への関心・意欲・態度	数学的な考え方	数量や図形についての技能	数量や図形についての知識・理解
趣旨	数理的な事象に関心をもつとともに，算数的活動の楽しさや数理的な処理のよさに気付き，進んで生活や学習に活用しようとする。	日常の事象を数理的にとらえ，見通しをもち筋道立てて考え表現したり，そのことから考えを深めたりするなど，数学的な考え方の基礎を身に付けている。	数量や図形についての数学的な表現や処理にかかわる技能を身に付けている。	数量や図形についての豊かな感覚をもち，それらの意味や性質などについて理解している。

(2) 学年別の評価の観点の趣旨

<小学校　算数>

観点\学年	算数への関心・意欲・態度	数学的な考え方	数量や図形についての技能	数量や図形についての知識・理解
第1学年	数量や図形に親しみをもち，それらについて様々な経験をもとうとする。	数量や図形についての基礎的・基本的な知識及び技能の習得や活用を通して，数理的な処理に親しみ，考え表現したり工夫したりしている。	整数の計算をしたり，身の回りにある量の大きさを比較したり，図形を構成したり，数量の関係などを表したり読み取ったりするなどの技能を身に付けている。	数量や図形についての感覚を豊かにするとともに，整数の意味と表し方及び整数の計算の意味を理解し，量，図形及び数量の関係についての理解の基礎となる経験を豊かにしている。
第2学年	数量や図形に親しみをもち，それらについて様々な経験をもとうとするとともに，知識や技能などを進んで用いようとする。	数量や図形についての基礎的・基本的な知識及び技能の習得や活用を通して，数理的な処理に親しみ，考え表現したり工夫したりしている。	整数の計算をしたり，長さや体積などを測定したり，図形を構成したり，数量の関係などを表したり読み取ったりするなどの技能を身に付けている。	数量や図形についての感覚を豊かにするとともに，整数の意味と表し方，整数の計算の意味，長さや体積などの単位と測定の意味，図形の意味及び数量の関係などについて理解している。
第3学年	数理的な事象に関心をもつとともに，知識や技能などの有用さ及び数量や図形の性質や関係を調べたり筋道を立てて考えたりすることのよさに気付き，進んで生活や学習に活用しようとする。	数量や図形についての基礎的・基本的な知識及び技能の習得や活用を通して，日常の事象について見通しをもち筋道を立てて考え表現したり，そのことから考えを深めたりするなど，数学的な考え方の基礎を身に付けている。	整数などの計算をしたり，長さや重さなどを測定したり，図形を構成要素に着目して構成したり，数量の関係などを表したり読み取ったりするなどの技能を身に付けている。	数量や図形についての感覚を豊かにするとともに，整数，小数及び分数の意味と表し方，計算の意味，長さや重さなどの単位と測定の意味，図形の意味及び数量の関係などについて理解している。
第4学年	数理的な事象に関心をもつとともに，知識や技能などの有用さ及び数量や図形の性質や関係を調べたり筋道を立てて考えたりすることのよさに気付き，進んで生活や学習に活用しようとする。	数量や図形についての基礎的・基本的な知識及び技能の習得や活用を通して，日常の事象について見通しをもち筋道を立てて考え表現したり，そのことから考えを深めたりするなど，数学的な考え方の基礎を身に付けている。	整数，小数及び分数の計算をしたり，図形の面積を求めたり，図形を構成要素の位置関係に着目して構成したり，数量の関係などを表したり調べたりするなどの技能を身に付けている。	数量や図形についての感覚を豊かにするとともに，整数，小数及び分数の意味と表し方，計算の意味，面積などの単位と測定の意味，図形の意味及び数量の関係などについて理解している。

第5学年	数理的な事象に関心をもつとともに，数量や図形の性質や関係などに着目して考察処理したり，論理的に考えたりすることのよさに気付き，進んで生活や学習に活用しようとする。	数量や図形についての基礎的・基本的な知識及び技能の習得や活用を通して，日常の事象について論理的に考え表現したり，そのことを基に発展的，統合的に考えたりするなど，数学的な考え方の基礎を身に付けている。	小数や分数の計算をしたり，図形の面積や体積を求めたり，図形の性質を調べたり，数量の関係などを表したり調べたりするなどの技能を身に付けている。	数量や図形についての感覚を豊かにするとともに，整数の性質，分数の意味，小数や分数の計算の意味，面積の公式，体積の単位と測定の意味，図形の意味や性質及び数量の関係などについて理解している。
第6学年	数理的な事象に関心をもつとともに，数量や図形の性質や関係などに着目して考察処理したり，論理的に考えたりすることのよさに気付き，進んで生活や学習に活用しようとする。	数量や図形についての基礎的・基本的な知識及び技能の習得や活用を通して，日常の事象について論理的に考え表現したり，そのことを基に発展的，統合的に考えたりするなど，数学的な考え方の基礎を身に付けている。	分数の計算をしたり，図形の面積や体積を求めたり，図形を構成したり，数量の関係などを表したり調べたりするなどの技能を身に付けている。	数量や図形についての感覚を豊かにするとともに，分数の計算の意味，体積の公式，速さの意味，図形の意味及び数量の関係などについて理解している。

理 科

(1) 評価の観点及びその趣旨

＜小学校　理科＞

観点	自然事象への関心・意欲・態度	科学的な思考・表現	観察・実験の技能	自然事象についての知識・理解
趣旨	自然に親しみ，意欲をもって自然の事物・現象を調べる活動を行い，自然を愛するとともに生活に生かそうとする。	自然の事物・現象から問題を見いだし，見通しをもって事象を比較したり，関係付けたり，条件に着目したり，推論したりして調べることによって得られた結果を考察し表現して，問題を解決している。	自然の事物・現象を観察し，実験を計画的に実施し，器具や機器などを目的に応じて工夫して扱うとともに，それらの過程や結果を的確に記録している。	自然の事物・現象の性質や規則性，相互の関係などについて実感を伴って理解している。

(2) 学年別の評価の観点の趣旨

＜小学校　理科＞

観点＼学年	自然事象への関心・意欲・態度	科学的な思考・表現	観察・実験の技能	自然事象についての知識・理解
第3学年	自然の事物・現象を興味・関心をもって追究し，生物を愛護するとともに，見いだした特性を生活に生かそうとする。	自然の事物・現象を比較しながら問題を見いだし，差異点や共通点について考察し表現して，問題を解決している。	簡単な器具や材料を見付けたり，使ったり，作ったりして観察，実験やものづくりを行い，その過程や結果を分かりやすく記録している。	物の重さ，風やゴムの力並びに光，磁石の性質や働き及び電気を働かせたときの現象や，生物の成長のきまりや体のつくり，生物と環境とのかかわり，太陽と地面の様子などについて実感を伴って理解している。
第4学年	自然の事物・現象を興味・関心をもって追究し，生物を愛護するとともに，見いだした特性を生活に生かそうとする。	自然の事物・現象の変化とその要因とのかかわりに問題を見いだし，変化と関係する要因について考察し表現して，問題を解決している。	簡単な器具や材料を見付けたり，使ったり，作ったりして観察，実験やものづくりを行い，その過程や結果を分かりやすく記録している。	空気や水の性質や働き，物の状態の変化，電気による現象や，人の体のつくりと運動，動物の活動や植物の成長と環境とのかかわり，気象現象，月や星の動きなどについて実感を伴って理解している。
第5学年	自然の事物・現象を意欲的に追究し，生命を尊重するとともに，見いだしたきまりを生活に当てはめてみようとする。	自然の事物・現象の変化とその要因との関係に問題を見いだし，条件に着目して計画的に追究し，量的変化や時間的変化について考察し表現して，問題を解決している。	問題解決に適した方法を工夫し，装置を組み立てたり使ったりして観察，実験やものづくりを行い，その過程や結果を的確に記録している。	物の溶け方，振り子の運動の規則性，電流の働きや，生命の連続性，流水の働き，気象現象の規則性などについて実感を伴って理解している。
第6学年	自然の事物・現象を意欲的に追究し，生命を尊重するとともに，見いだしたきまりを生活に当てはめてみようとする。	自然の事物・現象の変化とその要因との関係に問題を見いだし，推論しながら追究し，規則性や相互関係について考察し表現して，問題を解決している。	問題解決に適した方法を工夫し，装置を組み立てたり使ったりして観察，実験やものづくりを行い，その過程や結果を的確に記録している。	燃焼，水溶液の性質，てこの規則性及び電気による現象や，生物の体の働き，生物と環境とのかかわり，土地のつくりや変化のきまり，月の位置や特徴などについて実感を伴って理解している。

生　活

(1) 評価の観点及びその趣旨

＜小学校　生活＞

観点	生活への関心・意欲・態度	活動や体験についての思考・表現	身近な環境や自分についての気付き
趣旨	身近な環境や自分自身に関心をもち，進んでそれらとかかわり，楽しく学習したり，生活したりしようとする。	具体的な活動や体験について，自分なりに考えたり，工夫したりして，それをすなおに表現している。	具体的な活動や体験によって，自分と身近な人，社会，自然とのかかわり及び自分自身のよさなどに気付いている。

(2) 学年別の評価の観点の趣旨

＜小学校　生活＞

観点\学年	生活への関心・意欲・態度	活動や体験についての思考・表現	身近な環境や自分についての気付き
第1学年及び第2学年	身近な人，社会，自然及び自分自身に関心をもち，進んでそれらとかかわり，楽しく意欲的に学習したり，生活したりしようとする。	調べたり，育てたり，作ったりするなどの活動や学校，家庭，地域における自分の生活について，自分なりに考えたり，工夫したり，振り返ったりして，それをすなおに表現している。	具体的な活動や体験によって，学校，家庭，地域，公共物，身近な自然，動植物，自分の成長などの様子，それらと自分とのかかわり及び自分自身のよさに気付いている。

参考資料

音　楽

(1) 評価の観点及びその趣旨

<小学校　音楽>

観点	音楽への関心・意欲・態度	音楽表現の創意工夫	音楽表現の技能	鑑賞の能力
趣旨	音楽に親しみ，音や音楽に対する関心をもち，音楽表現や鑑賞の学習に自ら取り組もうとする。	音楽を形づくっている要素を聴き取り，それらの働きが生み出すよさや面白さなどを感じ取りながら，音楽表現を工夫し，どのように表すかについて思いや意図をもっている。	音楽表現をするための基礎的な技能を身に付け，歌ったり，楽器を演奏したり，音楽をつくったりしている。	音楽を形づくっている要素を聴き取り，それらの働きが生み出すよさや面白さなどを感じ取りながら，楽曲の特徴や演奏のよさなどを考え，味わって聴いている。

(2) 学年別の評価の観点の趣旨

<小学校　音楽>

観点＼学年	音楽への関心・意欲・態度	音楽表現の創意工夫	音楽表現の技能	鑑賞の能力
第1学年及び第2学年	楽しく音楽にかかわり，音や音楽に対する関心をもち，音楽表現や鑑賞の学習に自ら取り組もうとする。	音楽を形づくっている要素を聴き取り，それらの働きが生み出すよさや面白さなどを感じ取りながら，音楽表現を工夫し，どのように表すかについて思いをもっている。	音楽表現をするための基礎的な技能を身に付け，歌ったり，楽器を演奏したり，音楽をつくったりしている。	音楽を形づくっている要素を聴き取り，それらの働きが生み出すよさや面白さなどを感じ取りながら，楽曲や演奏の楽しさに気付き，味わって聴いている。
第3学年及び第4学年	進んで音楽にかかわり，音や音楽に対する関心をもち，音楽表現や鑑賞の学習に自ら取り組もうとする。	音楽を形づくっている要素を聴き取り，それらの働きが生み出すよさや面白さなどを感じ取りながら，音楽表現を工夫し，どのように表すかについて思いや意図をもっている。	音楽表現をするための基礎的な技能を伸ばし，歌ったり，楽器を演奏したり，音楽をつくったりしている。	音楽を形づくっている要素を聴き取り，それらの働きが生み出すよさや面白さなどを感じ取りながら，楽曲の特徴や演奏のよさに気付き，味わって聴いている。
第5学年及び第6学年	創造的に音楽にかかわり，音や音楽に対する関心をもち，音楽表現や鑑賞の学習に自ら取り組もうとする。	音楽を形づくっている要素を聴き取り，それらの働きが生み出すよさや面白さなどを感じ取りながら，音楽表現を工夫し，どのように表すかについて思いや意図をもっている。	音楽表現をするための基礎的な技能を高め，歌ったり，楽器を演奏したり，音楽をつくったりしている。	音楽を形づくっている要素を聴き取り，それらの働きが生み出すよさや面白さなどを感じ取りながら，楽曲の特徴や演奏のよさを理解し，味わって聴いている。

参考資料

図画工作

(1) 評価の観点及びその趣旨

<小学校　図画工作>

観点	造形への関心・意欲・態度	発想や構想の能力	創造的な技能	鑑賞の能力
趣旨	自分の思いをもち，進んで表現や鑑賞の活動に取り組み，つくりだす喜びを味わおうとする。	感じたことや材料などを基に表したいことを思い付いたり，形や色，用途などを考えたりしている。	感覚や経験を生かしながら，表したいことに合わせて材料や用具を使い，表し方を工夫している。	作品などの形や色などから，表現の面白さをとらえたり，よさや美しさを感じ取ったりしている。

(2) 学年別の評価の観点の趣旨

<小学校　図画工作>

観点＼学年	造形への関心・意欲・態度	発想や構想の能力	創造的な技能	鑑賞の能力
第1学年及び第2学年	思いのままに表したり，作品などを見たりしながら，つくりだす喜びを味わおうとする。	感じたことや材料などを基に表したいことを思い付いたり，形や色，つくり方などを考えたりしている。	体全体の感覚を働かせながら材料や用具を使い，工夫して表している。	身の回りの作品などの形や色などから，面白さに気付いたり，楽しさを感じたりしている。
第3学年及び第4学年	自分の思いで表現したり，鑑賞したりしながら，つくりだす喜びを味わおうとする。	感じたことや見たこと，材料や場所などを基に表したいことを思い付いたり，形や色，用途などを考えたりしている。	手や体全体の感覚を働かせながら，表したいことに合わせて材料や用具を使い，表し方を工夫している。	身近にある作品などの形や色などから，表現の感じの違いをとらえたり，よさや面白さを感じ取ったりしている。
第5学年及び第6学年	自分の思いをもって表現したり，鑑賞したりしながら，つくりだす喜びを味わおうとする。	感じたことや見たこと，材料や場所などの特徴を基に表したいことを思い付いたり，形や色，用途や構成などを考えたりしている。	感覚を働かせたり経験を生かしたりしながら，表したいことに合わせて材料や用具を使い，様々な表し方を工夫している。	親しみのある作品などの形や色などから，表現の意図や特徴をとらえたり，よさや美しさを感じ取ったりしている。

家 庭

(1) 評価の観点及びその趣旨

<小学校　家庭>

観点	家庭生活への関心・意欲・態度	生活を創意工夫する能力	生活の技能	家庭生活についての知識・理解
趣旨	衣食住や家族の生活などについて関心をもち，その大切さに気付き，家庭生活をよりよくするために進んで実践しようとする。	家庭生活について見直し，身近な生活の課題を見付け，その解決を目指して生活をよりよくするために考え自分なりに工夫している。	日常生活に必要な衣食住や家族の生活などに関する基礎的・基本的な技能を身に付けている。	日常生活に必要な衣食住や家族の生活などに関する基礎的・基本的な知識を身に付けている。

(2) 学年別の評価の観点の趣旨

<小学校　家庭>

観点＼学年	家庭生活への関心・意欲・態度	生活を創意工夫する能力	生活の技能	家庭生活についての知識・理解
第5学年及び第6学年	自分の成長と衣食住や家族の生活などについて関心をもち，その大切さに気付き，家族の一員として家庭生活をよりよくするために進んで取り組み実践しようとする。	衣食住や家族の生活などについて見直し，課題を見付け，その解決を目指して家庭生活をよりよくするために考えたり自分なりに工夫したりしている。	生活の自立の基礎として日常生活に必要な衣食住や家族の生活などに関する基礎的・基本的な技能を身に付けている。	家庭生活を支えているものや大切さを理解し，日常生活に必要な衣食住や家族の生活などに関する基礎的・基本的な知識を身に付けている。

体　育

（１）評価の観点及びその趣旨

＜小学校　体育＞

観点	運動や健康・安全への関心・意欲・態度	運動や健康・安全についての思考・判断	運動の技能	健康・安全についての知識・理解
趣旨	運動に進んで取り組むとともに，友達と協力し，安全に気を付けようとする。また，身近な生活における健康・安全について関心をもち，意欲的に学習に取り組もうとする。	自己の能力に適した課題の解決を目指して，運動の仕方を工夫している。また，身近な生活における健康・安全の課題の解決を目指して考え，判断し，それらを表している。	運動を楽しく行うための基本的な動きや技能を身に付けている。	身近な生活における健康・安全について，課題の解決に役立つ基礎的な事項を理解している。

（２）学年別の評価の観点の趣旨

＜小学校　体育＞

観点＼学年	運動や健康・安全への関心・意欲・態度	運動や健康・安全についての思考・判断	運動の技能	健康・安全についての知識・理解
第1学年	運動に進んで取り組むとともに，だれとでも仲よく，健康・安全に留意しようとする。	運動の仕方を工夫している。	運動を楽しく行うための基本的な動きを身に付けている。	／
第2学年	運動に進んで取り組むとともに，だれとでも仲よく，健康・安全に留意しようとする。	運動の仕方を工夫している。	運動を楽しく行うための基本的な動きを身に付けている。	／
第3学年	運動に進んで取り組むとともに，きまりを守り互いに協力し，健康・安全に留意しようとする。さらに，健康な生活について関心をもち，意欲的に学習に取り組もうとする。	自己の能力に適した課題をもち，運動の仕方を工夫している。また，健康な生活について，課題の解決を目指して実践的に考え，判断し，それらを表している。	運動を楽しく行うための基本的な動きや技能を身に付けている。	健康な生活について，課題の解決に役立つ基礎的な事項を理解している。
第4学年	運動に進んで取り組むとともに，きまりを守り互いに協力し，健康・安全に留意しようとする。さらに，体の発育・発達について関心をもち，意欲的に学習に取り組もうとする。	自己の能力に適した課題をもち，運動の仕方を工夫している。また，体の発育・発達について，課題の解決を目指して実践的に考え，判断し，それらを表している。	運動を楽しく行うための基本的な動きや技能を身に付けている。	体の発育・発達について，課題の解決に役立つ基礎的な事項を理解している。
第5学年	運動の楽しさや喜びを味わうことができるよう，進んで運動に取り組むとともに，協力，公正などの態度を身に付け，健康・安全に留意しようとする。さらに，心の健康やけがの防止について関心をもち，意欲的に学習に取り組もうとする。	自己の能力に適した課題の解決の仕方や運動の取り組み方を工夫している。また，心の健康やけがの防止について，課題の解決を目指して実践的に考え，判断し，それらを表している。	運動の特性に応じた基本的な技能を身に付けている。	心の健康やけがの防止について，課題の解決に役立つ基礎的な事項を理解している。

第6学年	運動の楽しさや喜びを味わうことができるよう、進んで運動に取り組むとともに、協力、公正などの態度を身に付け、健康・安全に留意しようとする。さらに、病気の予防について関心をもち、意欲的に学習に取り組もうとする。	自己の能力に適した課題の解決の仕方や運動の取り組み方を工夫している。また、病気の予防について、課題解決を目指して実践的に考え、判断し、それらを表している。	運動の特性に応じた基本的な技能を身に付けている。	病気の予防について、課題の解決に役立つ基礎的な事項を理解している。

2．外国語活動の記録

（1）評価の観点及びその趣旨

＜小学校　外国語活動の記録＞

観点	コミュニケーションへの関心・意欲・態度	外国語への慣れ親しみ	言語や文化に関する気付き
趣旨	コミュニケーションに関心をもち、積極的にコミュニケーションを図ろうとする。	活動で用いている外国語を聞いたり話したりしながら、外国語の音声や基本的な表現に慣れ親しんでいる。	外国語を用いた体験的なコミュニケーション活動を通して、言葉の面白さや豊かさ、多様なものの見方や考え方があることなどに気付いている。

3．特別活動の記録

（1）評価の観点及びその趣旨

＜小学校　特別活動の記録＞

観点	集団活動や生活への関心・意欲・態度	集団の一員としての思考・判断・実践	集団活動や生活についての知識・理解
趣旨	学級や学校の集団や自己の生活に関心をもち、望ましい人間関係を築きながら、積極的に集団活動や自己の生活の充実と向上に取り組もうとする。	集団の一員としての役割を自覚し、望ましい人間関係を築きながら、集団活動や自己の生活の充実と向上について考え、判断し、自己を生かして実践している。	集団活動の意義、よりよい生活を築くために集団として意見をまとめる話合い活動の仕方、自己の健全な生活の在り方などについて理解している。

4．行動の記録

（1）評価項目及びその趣旨

<小学校　行動の記録>

項　目	学　年	趣　旨
基本的な生活習慣	第1学年及び第2学年	安全に気を付け，時間を守り，物を大切にし，気持ちのよいあいさつを行い，規則正しい生活をする。
	第3学年及び第4学年	安全に努め，物や時間を有効に使い，礼儀正しく節度のある生活をする。
	第5学年及び第6学年	自他の安全に努め，礼儀正しく行動し，節度を守り節制に心掛ける。
健康・体力の向上	第1学年及び第2学年	心身の健康に気を付け，進んで運動をし，元気に生活をする。
	第3学年及び第4学年	心身の健康に気を付け，運動をする習慣を身に付け，元気に生活をする。
	第5学年及び第6学年	心身の健康の保持増進と体力の向上に努め，元気に生活をする。
自主・自律	第1学年及び第2学年	よいと思うことは進んで行い，最後までがんばる。
	第3学年及び第4学年	自らの目標をもって進んで行い，最後までねばり強くやり通す。
	第5学年及び第6学年	夢や希望をもってより高い目標を立て，当面の課題に根気強く取り組み，努力する。
責任感	第1学年及び第2学年	自分でやらなければならないことは，しっかりと行う。
	第3学年及び第4学年	自分の言動に責任をもち，課せられた役割を誠意をもって行う。
	第5学年及び第6学年	自分の役割と責任を自覚し，信頼される行動をする。
創意工夫	第1学年及び第2学年	自分で進んで考え，工夫しながら取り組む。
	第3学年及び第4学年	自分でよく考え，課題意識をもって工夫し取り組む。
	第5学年及び第6学年	進んで新しい考えや方法を求め，工夫して生活をよりよくしようとする。
思いやり・協力	第1学年及び第2学年	身近にいる人々に温かい心で接し，親切にし，助け合う。
	第3学年及び第4学年	相手の気持ちや立場を理解して思いやり，仲よく助け合う。
	第5学年及び第6学年	思いやりと感謝の心をもち，異なる意見や立場を尊重し，力を合わせて集団生活の向上に努める。
生命尊重・自然愛護	第1学年及び第2学年	生きているものに優しく接し，自然に親しむ。
	第3学年及び第4学年	自他の生命を大切にし，生命や自然のすばらしさに感動する。
	第5学年及び第6学年	自他の生命を大切にし，自然を愛護する。
勤労・奉仕	第1学年及び第2学年	手伝いや仕事を進んで行う。
	第3学年及び第4学年	働くことの大切さを知り，進んで働くようにする。
	第5学年及び第6学年	働くことの意義を理解し，人や社会の役に立つことを考え，進んで仕事や奉仕活動をする。
公正・公平	第1学年及び第2学年	自分の好き嫌いや利害にとらわれないで行動する。
	第3学年及び第4学年	相手の立場に立って公正・公平に行動する。
	第5学年及び第6学年	だれに対しても差別をすることや偏見をもつことなく，正義を大切にし，公正・公平に行動する。
公共心・公徳心	第1学年及び第2学年	約束やきまりを守って生活し，みんなが使うものを大切にする。
	第3学年及び第4学年	約束や社会のきまりを守って公徳を大切にし，人に迷惑をかけないように心掛け，のびのびと生活する。
	第5学年及び第6学年	規則を尊重し，公徳を大切にするとともに，郷土や我が国の伝統と文化を大切にし，学校や人々の役に立つことを進んで行う。

参考資料

小学校児童指導要録（参考様式）

様式1（学籍に関する記録）

区分＼学年	1	2	3	4	5	6
学　級						
整理番号						

学籍の記録

児童	ふりがな		性別	入学・編入学等	平成　年　月　日　第1学年入学 　　　　　　　　　第　学年編入学
	氏　名				
	生年月日	平成　年　月　日生		転入学	平成　年　月　日　第　学年転入学
	現住所				
保護者	ふりがな			転学・退学等	（平成　年　月　日） 平成　年　月　日
	氏　名				
	現住所			卒　業	平成　年　月　日
入学前の経歴				進学先	

学校名及び所在地 （分校名・所在地等）	

年　度	平成　年度	平成　年度	平成　年度
区分＼学年	1	2	3
校長氏名印			
学級担任者氏名印			
年　度	平成　年度	平成　年度	平成　年度
区分＼学年	4	5	6
校長氏名印			
学級担任者氏名印			

様式2（指導に関する記録）

児童氏名	学校名	区分＼学年	1	2	3	4	5	6
		学級						
		整理番号						

各教科の学習の記録

Ⅰ 観点別学習状況

教科	観点＼学年	1	2	3	4	5	6
国語	国語への関心・意欲・態度						
	話す・聞く能力						
	書く能力						
	読む能力						
	言語についての知識・理解・技能						
社会	社会的事象への関心・意欲・態度	/	/				
	社会的な思考・判断・表現	/	/				
	観察・資料活用の技能	/	/				
	社会的事象についての知識・理解	/	/				
算数	算数への関心・意欲・態度						
	数学的な考え方						
	数量や図形についての技能						
	数量や図形についての知識・理解						
理科	自然事象への関心・意欲・態度	/	/				
	科学的な思考・表現	/	/				
	観察・実験の技能	/	/				
	自然事象についての知識・理解	/	/				
生活	生活への関心・意欲・態度				/	/	/
	活動や体験についての思考・表現				/	/	/
	身近な環境や自分についての気付き				/	/	/
音楽	音楽への関心・意欲・態度						
	音楽表現の創意工夫						
	音楽表現の技能						
	鑑賞の能力						
図画工作	造形への関心・意欲・態度						
	発想や構想の能力						
	創造的な技能						
	鑑賞の能力						
家庭	家庭生活への関心・意欲・態度	/	/	/	/		
	生活を創意工夫する能力	/	/	/	/		
	生活の技能	/	/	/	/		
	家庭生活についての知識・理解	/	/	/	/		
体育	運動や健康・安全への関心・意欲・態度						
	運動や健康・安全についての思考・判断						
	運動の技能						
	健康・安全についての知識・理解	/	/				

Ⅱ 評定

学年＼教科	国語	社会	算数	理科	音楽	図画工作	家庭	体育
3							/	
4							/	
5								
6								

外国語活動の記録

観点＼学年	5	6
コミュニケーションへの関心・意欲・態度		
外国語への慣れ親しみ		
言語や文化に関する気付き		

総合的な学習の時間の記録

学年	学習活動	観点	評価
3			
4			
5			
6			

特別活動の記録

内容	観点＼学年	1	2	3	4	5	6
学級活動							
児童会活動							
クラブ活動							
学校行事							

児童氏名

行動の記録

項目 \ 学年	1	2	3	4	5	6	項目 \ 学年	1	2	3	4	5	6
基本的な生活習慣							思いやり・協力						
健康・体力の向上							生命尊重・自然愛護						
自主・自律							勤労・奉仕						
責任感							公正・公平						
創意工夫							公共心・公徳心						

総合所見及び指導上参考となる諸事項

第1学年	第4学年
第2学年	第5学年
第3学年	第6学年

出欠の記録

区分\学年	授業日数	出席停止・忌引等の日数	出席しなければならない日数	欠席日数	出席日数	備考
1						
2						
3						
4						
5						
6						

参考文献

梶田叡一「教育評価（第2版補訂2版）」有斐閣双書、2013
梶田叡一「三訂版 教育評価－学びと育ちの確かめ－」放送大学教育振興会、2004
梶田叡一「学校学習とブルーム理論（教育における評価の理論）」第一法規、1994
田中耕治「教育評価」岩波書店、2012
田中耕治「新しい教育評価への挑戦 新しい教育評価の理論と方法 第Ⅰ巻 理論編」日本標準、2002
田中耕治「新しい教育評価への挑戦 新しい教育評価の理論と方法 第Ⅱ巻 教科・総合学習編」日本標準、2002
石田恒好「教育評価の原理－評定に基づく真の評価を目指して」図書文化、2012
東洋「子どもの能力と教育評価（第2版）」東京大学出版会、2005
梶田叡一責任編集、人間教育研究協議会編「教育フォーラム45 確かな学力の育成と評価のあり方」金子書房、2010
R.M. ガニエ、W.W. ウェイジャー、K.C. ゴラス、J.M. ケラー、鈴木克明、岩崎信「インストラクショナルデザインの原理」北大路書房、2010
「評価活動読本－通知表から学校経営の評価まで」教職研修臨時増刊号No2、教育開発研究所、1983
堤宇一、青山征彦、久保田享「はじめての教育効果測定－教育研修の質を高めるために－」日科技連出版社、2014
国立教育政策研究所教育課程研究センター「評価基準の作成、評価方法等の工夫改善のための参考資料（小学校国語）」教育出版、2012
国立教育政策研究所教育課程研究センター「評価基準の作成、評価方法等の工夫改善のための参考資料（小学校社会）」教育出版、2012
国立教育政策研究所教育課程研究センター「評価基準の作成、評価方法等の工夫改善のための参考資料（小学校算数）」教育出版、2012
国立教育政策研究所教育課程研究センター「評価基準の作成、評価方法等の工夫改善のための参考資料（小学校理科）」教育出版、2012
国立教育政策研究所教育課程研究センター「評価基準の作成、評価方法等の工夫改善のための参考資料（小学校特別活動）」教育出版、2012
文部科学省「小学校学習指導要領解説 総則編 平成20年8月」東洋館出版社、2009
佐賀県教育センター「新学習指導要領で評価が変わる!新学習指導要領における学習評価の進め方（小学校国語科）」WEB版、2011
佐賀県教育センター「新学習指導要領で評価が変わる!新学習指導要領における学習評価の進め方（小学校社会科）」WEB版、2011
佐賀県教育センター「新学習指導要領で評価が変わる!新学習指導要領における学習評価の進め方（小学校算数科）」WEB版、2011
佐賀県教育センター「新学習指導要領で評価が変わる!新学習指導要領における学習評価の進め方（小学校理科）」WEB版、2011
佐賀県教育センター「新学習指導要領で評価が変わる!新学習指導要領における学習評価の進め方（小学校特別活動）」WEB版、2011
秋田喜代美、藤江康彦「授業研究と学習過程」放送大学教育振興会、2010
市川伸一「学力と学習支援の心理学」放送大学教育振興会、2014
文部省「初等教育の原理」東洋館出版社、1951
文部省「小学校における学習の指導と評価 上」明治図書出版、1950
B. S. ブルーム他「教育評価法ハンドブック－教科学習の形成的評価と総括的評価－」第一法規、1973

おわりに

　本書は、大学におけるテキストを目指して上梓したものです。すなわち、教育評価の基本的な枠組みを示すという目的でまとめたものです。

　教育評価の分野では、このような書物を執筆するのは教育心理学専門家の仕事と考えられているところもあります。筆者として、本書であらためて教育学や教育方法学の分野として教育評価を考えることは、その概念を整えるものになります。しかし、この意味においては、その力は筆者には力不足であると感じます。そこで、はじめて教育評価を学ぶ人や教員になりまだ経験年数が少ない人を対象に、教育評価について知っておいて欲しい基本事項をまとめるということにしました。

　内容としては、教育評価の歴史的、理論的な記述や実践上の方法などを中心としたものになりました。いわゆるハウ・ツー的なものも多く含んでいます。教育評価に関する書物としては、もの足りないと感じられる方もいらっしゃるかと思いますが、教育実践を生み出していくに当たっては、単なる評価の理論ではなく教育実践において具体化できるもの、また、実践に発展できるものに役立つ書物という思いでまとめました。ですから本書は、教育評価の基本的な枠組みに基づいた実践書になりました。読者の皆様には、ご活用いただくとともに、教育実践に携わっておられる方々には日常の評価活動に生かしてしていただけることを期待しています。

　最後になりましたが、本書の意義の重さと筆者の力量とのアンバランスというジレンマと戦いながらの執筆でしたが、その中で多くの研究者、関係諸氏の方々の著書や資料を参考とさせていただくことにより、無事ここに校了いたしました。厚く感謝の意を表します。

　また、本書執筆の立ち上げに関わっていただきました、株式会社ジアース教育新社加藤勝博社長、そして、具体的な編集作業では中村憲正氏をはじめ編集部の皆様方にはたいへんお世話になりました。的確で緻密なアドバイスがなかったなら、本書を世に問うことはできませんでした。ここに記して、心より感謝の気持ちを表します。

2015 年 2 月
佐倉　英明

著者略歴

佐倉　英明（さくら・ひであき）

　1948年東京都生まれ。1972年東京学芸大学教育学部卒業後、1972年より東京都公立学校教諭及び教頭、校長を経て、現在、帝京平成大学現代ライフ学部児童学科准教授。

　教員の資質能力向上のための研修について主に研究。教育評価、教科教育法（算数）及び幼稚園・小学校教員養成関係講座を担当。

　最近の主な学術論文に、「教員の資質向上のための学びに関する研究」（放送大学大学院文化科学研究科教育行政研究第4号、2014）、「教員の採用状況の実態分析と考察－就職率と採用者数における教員養成系の占める割合に着目して－」（帝京平成大学現代ライフ学部児童学科論集第5号、2015）ほか。

はじめて学ぶ教育評価
―小学校での評価活動を中心として―

平成27年5月19日　初版第1刷発行

■著　者　　佐倉　英明
■発行者　　加藤　勝博
■発行所　　株式会社ジアース教育新社

〒101-0054　東京都千代田区神田錦町1-23　宗保第2ビル
TEL：03-5282-7183　FAX：03-5282-7892
E-mail：info@kyoikushinsha.co.jp
URL：http://www.kyoikushinsha.co.jp/

■表紙カバーデザイン・本文DTP　土屋図形株式会社
■印刷・製本　株式会社創新社
○定価はカバーに表示してあります。
○乱丁・落丁はお取り替えいたします。（禁無断転載）
Printed in Japan
ISBN978-4-86371-310-9